F. des Aulnoyes

HECHIZOS
Y
CONTRAHECHIZOS

EDICIONES OBELISCO

Si este libro le ha interesado y desea que le mantengamos informado
de nuestra publicaciones, escríbanos indicándonos qué temas son de su interés
(Astrología, Autoayuda, Psicología, Artes Marciales, Naturismo, Espiritualidad,
Tradición…) y gustosamente le complaceremos.

Puede consultar nuestro catálogo en www.edicionesobelisco.com

Colección Magia y Ocultismo
HECHIZOS Y CONTRAHECHIZOS
F. des Aulnoyes

1.ª edición: abril de 2026

Traducción: *Amalia Peradejordi*
Corrección: *Equipo editorial*
Diseño de cubierta: *Ediciones Obelisco*

(Reservados todos los derechos)
© 2026, Ediciones Obelisco, S. L.
(Reservados los derechos para la presente edición)

Edita: Ediciones Obelisco, S. L.
Collita, 23-25. Pol. Ind. Molí de la Bastida
08191 Rubí - Barcelona - España
Tel. 93 309 85 25
E-mail: info@edicionesobelisco.com

ISBN: 978-84-1172-388-6
DL B 23946-2025

Impreso en los talleres gráficos de Romanyà/Valls S. A.
Verdaguer, 1 - 08786 Capellades - Barcelona

Printed in Spain

Capítulo I

DEFINICIÓN DEL HECHIZO

El conjunto de fenómenos englobados bajo el término general de «hechizo» posee un carácter universal. Todas las civilizaciones han conocido, practicado y temido los hechizos.

Por otra parte, los hechizos no son fruto de una imaginación desligada de la realidad. La Iglesia, preocupada objetivamente por el cuidado de las almas, dispone de un ritual destinado a liberar a los poseídos; y la policía contemporánea, cuyo objetivo es mantener las fronteras que delimitan el orden social, aún hoy continúa ocupándose de asuntos de esta índole.

Primero definiremos los distintos fenómenos agrupados bajo el vocablo «hechizo» y, después, expondremos los medios para luchar contra sus consecuencias. Sólo el conocimiento preciso de su técnica de creación permite abordarlo. El azar quiso que, visitando a un vendedor de libros antiguos en París, cayese en nuestras manos una obra muy antigua de un monje llamado Francisco Galcián. La publicación de una traducción de este libro nos habría obligado a introducir comentarios demasiado extensos y, como sucede con ciertos volúmenes de exégesis, nos habríamos visto forzados a ofrecer una media de diez líneas de explicación por cada dos o tres líneas de texto.

Además, aunque no ignoremos ninguno de los detalles de esos rituales, evidentemente no daremos a conocer aquellos cuyo objetivo sea maléfico. Nos limitaremos, por lo tanto, a publicar los que no entrañan peligro alguno, y dedicaremos todos nuestros esfuerzos a enseñar al lector a defenderse de los magos negros. Los rituales que expondremos a continuación se limitarán a los deshechizos y a los contrahechizos.

Deshechizo: operación mágica destinada a deshacer un hechizo.
Contrahechizo: operación mágica destinada a luchar contra un hechizo.

Aunque la obra del monje conserva su valor en cuanto a técnica casi inmutable, en el plano psicológico ha perdido gran parte de su interés. En este aspecto conviene recurrir a los descubrimientos contemporáneos de tipo científico, así como a aquellos situados al margen de la experiencia cuantitativa.

A veces en tono irónico, otras con verdadera sinceridad, con frecuencia escuchamos a nuestro alrededor frases como: «No entiendo lo que me pasa. Es como si me hubiesen echado un mal de ojo».

¿Qué es realmente un hechizo? La sumisión de un ser a la voluntad de otro. Si el emisor es un ser vivo, hablamos de hechizo; si se trata de una entidad desprovista de fuerza humana, hablamos de posesión. En esencia aquí estudiaremos la acción del hombre sobre el hombre.

En su acepción más amplia, el hechizo es un acto que observamos a diario. El orador hechiza, literalmente, a su auditorio, y el amor es una manifestación típica del hechizo.

Este fenómeno escapa al control de la inteligencia y tiene sus raíces en el inconsciente.

El amor es un hechizo involuntario que se desencadena sin que quienes participen en él pongan en juego su energía espiritual.

Esto nos conduce a otro tipo de hechizo muy frecuente: el autohechizo. Hay personas que creen firmemente que les han echado un mal de ojo o que el destino se ha ensañado con ellas. Están convencidas de que cualquier cosa que emprendan está destinada al fracaso. Y, en efecto, fracasan, tanto por su falta de confianza como por las circunstancias desfavorables que ellas mismas generan a su alrededor.

Al ser humano no le gusta sentirse responsable directo de sus fracasos. Muchos buscan causas ajenas a su carácter y, de ese modo, acaban hechizándose a sí mismos.

Definidos el hechizo y sus principales aspectos, conviene ahora estudiar sus causas, las condiciones en que se manifiesta, sus efectos y las formas de protegerse de ellos. La persona que hechiza puede actuar directamente, utilizando su mente para transmitir a distancia su voluntad: es lo que denominamos «hechizo de pensamiento». También puede actuar mediante un objeto que sirva como condensador e instrumento de fijación de su fuerza psíquica. Este procedimiento ha generado una literatura tan abundante como imprecisa. En este terreno, el instrumento más conocido es la muñeca o *dagyde*.

La práctica del hechizo requiere, por un lado, un entrenamiento psíquico y, por otro, el conocimiento de un ritual. Este último favorece la emisión voluntaria del operador y satisface condiciones experimentales necesarias en toda práctica mágica.

Aquel que realiza la operación mágica es el operador.

Los móviles que pueden empujar a emplear cualquiera de los métodos del hechizo suelen ser siempre los mismos. El amor ocupa el primer lugar, los intereses personales el segundo, y el odio –ese amor negro cuyo corolario es desear la muerte del hechizado– ocupa el tercero.

Incluso a grandes rasgos, conviene conocer los procedimientos del hechizo para poder luchar con éxito contra sus consecuencias. Aunque nos limitemos a revelar sólo los aspectos esenciales, nuestro propósito es mantener alerta al lector. El hechizo es una operación delicada que con frecuencia se vuelve contra quien lo practica, incluso si está iniciado en sus conocimientos. No hace falta insistir en los riesgos que corre quien intenta practicar una técnica tan peligrosa sin preparación alguna.

El objetivo de este libro no es enseñar a practicar el hechizo, sino a defenderse de él. Aquellos que pretendieran emplear estas nociones para satisfacer su egoísmo personal asumirían una grave responsabilidad y no tardarían en ser castigados por su audacia con una severidad que ni siquiera podrían llegar a imaginar.

Capítulo II

UNIVERSALIDAD DE ESTOS FENÓMENOS EN EL TIEMPO Y EN EL ESPACIO

Hemos visto que tanto las facultades de oratoria como el amor pueden llegar a crear un estado de hechizo. Ahora, y antes de estudiar la forma de defendernos contra los hechizos realizados mediante la magia, debemos averiguar si realmente existen métodos prácticos y si estos son eficaces o si, simplemente, representan un residuo irracional de origen supersticioso que aparece de manera esporádica en ciertos períodos de la evolución de algunas civilizaciones.

Pero si, por el contrario, descubrimos que en todos los pueblos existe una creencia en los hechizos y una técnica práctica para realizarlos, tendremos que admitir, al menos, que la fe en dichas manifestaciones forma parte del comportamiento humano, lo cual ya sería suficiente para justificar su estudio. Y si, además, constatamos que la práctica del hechizo produce resultados de forma efectiva en numerosos casos, deberemos buscar –y esto es precisamente lo que nos proponemos– el medio de luchar contra ellos.

En sus *Leyes*, Platón decía:

«Es inútil intentar demostrar a ciertos espíritus sumamente predispuestos que no deben preocuparse en absoluto por las pequeñas figuras de cera que alguien haya podido colocar en su puerta, en su tribuna o en las tumbas de sus antepasados, e invitarlos a ignorarlas, porque poseen una fe confusa en lo que representan estos maleficios.

»Aquel que utiliza encantamientos, hechizos o cualquier otro maleficio de esta naturaleza para perjudicar a los demás, si es adivino o está versado en el arte de realizar prodigios, que muera.

»Pero, si no posee conocimiento alguno de estas artes y, aun así, está convencido de haber utilizado algún maleficio, entonces el tribunal decidirá su castigo, tanto en su persona como en sus bienes».

La ley Camelia condenaba a muerte a quienes mataban a personas ausentes pinchando su efigie de cera, y Virgilio, al igual que Ovidio, menciona las muñecas de cera hechas a imagen de la persona sobre la que se quería actuar mágicamente.

En el *Asno de oro*, Apuleyo relata el caso de una mujer tan deseosa de realizar un encantamiento que envía a su esclava a la barbería para conseguir algunos cabellos de su amado, destinados al conjuro.

«Mi ama posee secretos maravillosos, secretos a los que obedecen las sombras de los muertos, que trastornan a los astros, la conducen hasta los dioses y triunfan sobre los elementos. Jamás manifiesta tanto la fuerza de su arte como cuando se queda prendada de algún jovencito, y eso ocurre con bastante frecuencia», cuenta la esclava.

»Ahora está locamente enamorada de un joven beocio, bello como el día, y utiliza todos los recursos de la magia para conseguir su amor.

»Ayer por la noche pude oírla amenazar al Sol con oscurecerlo y cubrirlo de tinieblas eternas si no se ocultaba antes de lo habitual, para dar paso a la noche, cuyas sombras le permitirían trabajar en sus hechizos.

»Ayer, al volver de los baños, vio por casualidad a ese joven en la barbería y me ordenó ir allí para recoger furtivamente algunos de sus cabellos ya cortados y caídos al suelo.

»Pero el barbero, a escondidas, me vio recogerlos y, como tanto mi ama como yo tenemos fama de brujas, me agarró con fuerza del brazo y me dijo: "Desgraciada, ¿cuándo dejarás de robarme los cabellos de los jóvenes más apuestos? Si continúas, te denunciaré a los magistrados". El efecto siguió a la amenaza: metió la mano en mi seno y, furioso, me arrebató los mechones que había escondido».

Jean Wier, sin salir de Europa, aunque más cercano a nosotros, escribía:

«Algunos piensan en hacer daño creando una imagen en nombre de aquel a quien desean perjudicar. La hacen con cera virgen y colocan el corazón de una golondrina bajo su brazo derecho. Además, cuelgan una efigie en su propio cuello con hilo completamente nuevo y la pinchan en alguno de sus miembros con una aguja nueva, pronunciando ciertas palabras que no repetiré para evitar que los curiosos abusen de ellas.

»A veces esta imagen también puede estar hecha de bronce y, para crear mayor deformidad, invierten los miembros: ponen un pie donde debería ir la mano, una mano donde debería ir un pie o colocan el rostro al revés.

»Para hacer todavía más daño, elaboran una figura humana, escriben un nombre sobre la cabeza y, a los lados, colocan estas palabras: *Alif, Lafeil, Lazahit me, meltat levantam leutace.*

»Luego la entierran en un sepulcro. Para obtener el mismo efecto, según afirman, cuando domina Marte preparan dos imágenes: una de cera y otra hecha con las cenizas de un hombre muerto. Se coloca en la mano de una de ellas un fragmento del hierro con el que haya muerto un hombre, para pinchar la cabeza de la imagen que representa a aquel a quien desean matar.

»Se escriben dos nombres en ambas figuras, con caracteres particulares que preparan aparte, y así una se esconde y se coloca en cierto lugar».

Antes de abandonar Europa, recordemos que la creencia en el hechizo persiste aún hoy. No pasa un solo año sin que la prensa publique artículos sobre estos temas. Incluso, en París vive un contrahechicero cuya actividad consiste en luchar contra los sortilegios. Y si pasamos del hechizo humano a la posesión, debemos recordar que cada diócesis cuenta con un sacerdote exorcista encargado de expulsar espíritus del cuerpo de los poseídos. Estos sacerdotes actúan con extremada precaución, pues la Iglesia es muy prudente en este ámbito y distingue con facilidad los casos que sólo requieren tratamiento médico.

Los asiáticos, los habitantes de Oceanía y los indígenas fabrican efigies o figuras a imagen de aquellos sobre quienes pretenden actuar mágicamente. Las Escrituras contienen numerosos pasajes relacionados con posesiones y sortilegios.

Dos grandes religiones surgieron de la corriente del pensamiento semita, después de que los judíos –pueblo nómada y relativamente pobre– fueran empujados hacia el concepto de un Dios único, en parte debido a las dificultades de transporte. Esta noción del Dios único dirige el pensamiento de los iniciados. Resulta curioso que fuese vulgarizada por un pueblo práctico y poco evolucionado que, molesto por el transporte de innumerables ídolos a través del desierto, unificó el pensamiento religioso exotérico para disminuir el peso de su equipaje.

Pero volvamos a estas dos religiones. El cristianismo reconocía la existencia de posesiones y hechizos y castigó a quienes practicaban sortilegios. El islam prefirió prevenir antes que curar y prohibió la representación de la figura humana, no sólo para evitar el retorno a la idolatría entre una población apenas separada de sus creencias paganas, sino también para impedir que la imagen humana se convirtiera en un nuevo instrumento para los numerosos hechiceros tribales.

África sigue siendo, incluso hoy, la tierra predilecta de los hechiceros. Los pueblos negros viven inmersos en un ambiente profundamente mágico. El fetichismo no les basta: disponen también de especialistas en contrahechizos para defenderse. Una vez realizado este examen general de la situación, conviene detenerse en el estudio del continente africano.

Las operaciones de hechizo son frecuentes allí y sus rituales muy conocidos. Aunque estos varían de un pueblo a otro y de un continente a otro, sus bases y su sentido profundo son los mismos en todas partes, lo que nos permitirá estudiarlos *in vivo*.

Para ello recurriremos a un texto del eminente monseñor Leroy y a varios hechos relatados por Pierre Fontaine en su obra *La magia entre los negros*.

Monseñor Leroy describe la consagración de un fetiche vengador en la región de Gabón:

«No se trata aquí de supersticiones vanas y ridículas. Cuando entramos en un bosque junto al brujo encargado de crear un fetiche de venganza, al cortar el árbol destinado a convertirse en estatuilla, si hablamos de una persona está prohibido pronunciar su nombre. Si se hiciera, el individuo moriría y su alma entraría inmediatamente en el árbol, convirtiéndose en el espíritu del fetiche.

»Quien hubiera pronunciado ese nombre tendría que responder de por vida ante los familiares del hombre cuya existencia habría sido sacrificada tan a la ligera.

»Normalmente se utiliza una jerga secreta para decidir qué *kulu* —es decir, qué alma— debe escogerse para influir en el fetiche. Por regla general se elige a un hombre de valor probado y, sobre todo, a un gran cazador.

»Una vez realizada la elección, se va al bosque y el individuo escogido es llamado por su nombre. Entonces el hechicero corta el árbol y se dice que la sangre resbala instantáneamente sobre su hacha.

»Se degüella una gallina y su sangre se mezcla con la que corre por el árbol. El individuo nombrado muere en ese mismo momento o, como máximo, al cabo de diez días.

»Su vida ha sido sacrificada por una causa que los hechiceros consideran beneficiosa para el pueblo. Afirman que la persona así nombrada siempre muere y niegan cualquier posibilidad de envenenamiento o de intervención de otro medio material».

En las exposiciones de arte africano suelen verse fetiches con clavos incrustados en la madera. Quienes acuden al fetiche para obtener, tras la consagración descrita, la muerte de un enemigo, clavan un clavo al formular sus invocaciones. Una vez cumplida la plegaria y el ritual, será el *kulu*, el alma del muerto sacrificado en beneficio de la tribu, quien ejecute la venganza.

En realidad, se trata de una sugestión, un traslado de fuerza psíquica a distancia: el ritual favorece la concentración de la fuerza emitida por el hechicero y el fetiche actúa como un condensador.

Pierre Fontaine cuenta varios casos de hechizos realizados mediante objetos. Relata que, al visitar a un amigo europeo en el Bajo Sudán, lo encontró acompañado de una sonrai mestiza que, según afirmaban los indígenas, estaba poseída por el demonio del amor. Había estado casada tres veces y llevaba a todos sus compañeros al borde de la muerte, exigiéndoles proezas sexuales por encima de las fuerzas humanas.

Preocupado por el destino de su amigo, Fontaine conversó con un hechicero de una región vecina, quien le explicó que la sonrai seguramente poseía el cinturón del amor, que une los sentidos, pero no el corazón. Para liberar al amigo de la influencia de esa mujer, el cinturón debía ser destruido. Y sería fácil encontrarlo, pues debía estar oculto en algún lugar cercano al amante, para que sus efluvios actuasen sobre él.

Enseguida se puso a buscarlo y lo descubrió sin dificultad en casa de su amigo. Estaba hecho con láminas de madera unidas mediante un sólido hilo de cáñamo y llevaba imágenes que evocaban los placeres sexuales. Sin decir nada a nadie, quemó el cinturón y, poco después, su amigo recuperó el equilibrio y consiguió separarse de la muchacha.

Podríamos citar numerosos ejemplos de objetos preparados ritualmente cuyo efecto ha podido comprobarse. Pero esto nos alejaría del tema principal de este capítulo, que

15

es el del hechizo en general y no únicamente el del encantamiento obtenido mediante un objeto.

Los hacedores de hechizos negros actúan obteniendo un fragmento de algún material que haya estado en contacto con la persona a la que se quiere someter. A menudo se conforman con un trozo de tejido o una trenza, pero prefieren recortes de uñas, un mechón de cabello o pelos del pubis. Según ellos, los excrementos proporcionan un éxito seguro.

Mezclan los fragmentos de los que disponen con hierbas mágicas y forman una estatuilla. Después de los encantamientos espirituales, el hacedor de hechizos opera directamente sobre la estatuilla para obtener el resultado deseado. Le corta un miembro o le pincha los ojos o las orejas para provocar un accidente, una parálisis, ceguera o sordera. La muerte se consigue enterrando la estatuilla o quemándola lentamente. La efigie suele ser bastante tosca y su parecido con la persona que se pretende hechizar es mínimo. La única indicación precisa modelada por el escultor primitivo es el sexo de la persona en cuestión.

Pero los negros no sólo hechizan con muñecas o filtros. También pueden actuar directamente mediante la transferencia de fuerza psíquica a distancia y así provocar la muerte de la persona que es objeto del conjuro.

Los bantús, por ejemplo, proceden de esta manera:

«Cortan árboles que contienen esencias conocidas por el hechicero y preparan una hoguera. En ella colocan una piedra plana, utilizada para los sacrificios de animales. Remueven la tierra para facilitar la salida de los espíritus malignos que contiene. Las mujeres con el período se sitúan en primer lugar porque, según los bantús, esa condición se debe a la dominación de espíritus malignos. Seis jóvenes vírgenes bailan alrededor de la hoguera al ritmo del tam-tam: creen que los espíritus malignos se sienten atraídos por cuerpos que el hombre todavía no ha tocado. Después adoptan posturas lúbricas e invitan a esos espíritus a penetrar en ellas.

»Más tarde aparecen seis jóvenes guerreros que inician una danza ritual representando una terrible lucha contra un enemigo invisible. Esta parte del ritual tiene por objeto mostrar a los espíritus malignos lo que deben hacer para atacar al enemigo sobre el que se actúa mediante la magia.

»Después aparecen los dos hechiceros disfrazados, con el rostro cubierto por horribles máscaras y la cabeza adornada con cuernos de búfalo. Sus manos están vacías. Comienzan a bailar alrededor de la hoguera, con los talones adornados con una larga cola peluda. Pronuncian una serie de encantamientos en una lengua desconocida que probablemente sea un dialecto sagrado.

»Sin acercarse, la hoguera se enciende de repente y se procede al sacrificio de un macho cabrío.

»Entonces la hoguera se apaga bruscamente».

En ese momento eran las dos y veinticuatro minutos, precisa el narrador.

El brujo le dijo lo siguiente a la persona de raza blanca que le había encargado el hechizo:

—Tu enemigo ha muerto, y ha sido muy difícil. Hice bien en pedir ayuda a los espíritus. Ellos han causado su muerte y han vuelto para coger el fuego cuyo humo los había traído hasta aquí… Tu futura muerte ya está vengada.

El hechizado murió esa misma noche a las dos y treinta minutos de la madrugada. El hacedor de hechizos, que sabía protegerse del efecto *boomerang*, sobrevivió. Pero la persona que había encargado el conjuro, unos días más tarde, fue víctima de un accidente de caza y murió por un disparo procedente de la escopeta de uno de los colaboradores del hombre al que había deseado la muerte.

Es evidente que los hechiceros jamás actúan contra otros hechiceros, pues temen enfrentarse a alguien más poderoso que ellos. Quienes se atreven a hacerlo son los hacedores de contrahechizos, que aceptan prácticas de esta índole.

Lo pintoresco de las ceremonias descritas no debe hacernos olvidar que, en nuestras regiones, la magia rural también recurre –aunque con menos pompa– a operaciones que persiguen el mismo fin.

Todos hemos tenido conocimiento de hechos semejantes e incluso algunos han tenido ocasión de verificarlos. No servirá de nada multiplicar los ejemplos: los hechizos se practican en todas partes. El espíritu del ritual es siempre el mismo; sólo cambia su forma, según si los pueblos considerados son paganos o cristianos.

El mago negro invoca las fuerzas de la naturaleza; el hechicero europeo invoca la ayuda de la divinidad.

Con este libro no pretendemos instruir sobre la historia del hechizo, sino sobre sus técnicas prácticas de protección.

En nuestros países civilizados, el deshechizo y el contrahechizo ya no son privilegio de una casta. Están al alcance de todo aquel que quiera practicarlos.

Ahora, y con las reservas oportunas, describiremos lo esencial de los métodos utilizados por los hechiceros y, después, indicaremos en detalle los medios para luchar contra ellos, así como para devolver a sus autores los efectos que pretendían hacer sufrir a su víctima.

Capítulo III

EL HECHIZO DE PENSAMIENTO

Todas las operaciones de hechizo tienen como base el esfuerzo voluntario. Los procedimientos técnicos utilizados con más frecuencia en nuestras regiones son la cadena mágica, los clavos, los cordoncillos, los filtros de amor, la carga, el hechizo alimentario y la muñeca o dagyde.

Hablaremos muy poco de los filtros de amor, pues numerosos autores ya se han extendido suficientemente sobre ellos y, además, la mayoría de los productos utilizados para su elaboración son hoy prácticamente imposibles de encontrar. Así pues, aunque no correríamos ningún riesgo explicando sus recetas –puesto que nadie podría prepararlas–, consideramos totalmente inútil enumerarlas.

Ya hemos dicho que la voluntad es el factor más importante del arte del hechicero. Vamos a exponer la técnica para educar la voluntad –indispensable para la práctica de este arte– y, después, de forma más concisa, la fuerza que permite al operador ejercer una influencia a distancia. Este método puede servir tanto al contrahechicero como a la persona autohechizada, que mediante su práctica podrá liberarse de los complejos que bloquean su actividad psíquica.

De hecho, no resulta peligroso dar a conocer un método que, teóricamente, puede emplearse con un doble fin. El mago negro, siempre dominado por los instintos bajos, es incapaz de someterse a la disciplina severa que sólo aceptan los seres elevados que operan con intenciones benéficas.

Los grandes principios para la educación de la voluntad, que permiten al operador alcanzar el éxito en sus hechizos o contrahechizos, son los siguientes:

Aumentar los límites de la actividad consciente

Antes de convertirse en automáticos, todos nuestros actos son conscientes. Caminar, por ejemplo, exige esfuerzo consciente antes de transformarse en una actividad automática, es decir, en un reflejo adquirido.

Muchas acciones pueden ser conscientes o inconscientes según dirijamos o no nuestra atención hacia ellas. La respiración, por ejemplo, es un acto inconsciente, pero podemos hacerla consciente, acelerarla o disminuirla. En Occidente solemos ejercitarla mediante la educación física, renovando el aire que circula por los pulmones a través de diversos ejercicios. Los yoguis en Oriente persiguen fines espirituales, pero también parten de la disciplina corporal.

La educación de la voluntad consiste en ampliar su campo de acción y retomar el control de aquellos actos convertidos en automáticos e involuntarios. Se trata, en cierto modo, de un entrenamiento psíquico que emprende una persona sobre sí misma. Tanto la respiración como su ritmo desempeñan un papel fundamental en este control, ya que el oxígeno actúa sobre el conjunto del comportamiento humano de manera rápida y poderosa.

La práctica de este entrenamiento supone una disciplina cuyas reglas son muy sencillas:

a) Elegir una hora precisa para los ejercicios y respetarla siempre

Esto ayuda a desarrollar las fuerzas psíquicas y, más adelante, permitirá «proyectar» la voluntad a distancia. Esta condición resulta indispensable para obtener buenos resultados: si se practican los ejercicios a cualquier hora o aprovechando momentos libres, la mente no trabajará en un estado de libertad y relajación adecuados.

b) Elegir un lugar y respetarlo siempre

En la antigüedad se preferían lugares secretos o escondidos, como grutas o templos abandonados. Todo lugar que haya sido centro de plegaria está, en cierto modo, sensibilizado y favorece la concentración. Como no todos disponemos de un menhir ni de un lugar sagrado, bastará con reservar la habitación más tranquila de la casa para realizar los ejercicios.

c) Vestir ropa o una bata de lana, preferentemente blanca, y adoptar una actitud de concentración

No se trata de aprender técnicas orientales —aunque sean perfectas–, sino de aplicar una práctica occidental sencilla. Se debe uno sentar en un sillón o acostarse en la cama, protegido del contacto directo con el suelo mediante una alfombra o una piel. Se cierran los ojos y se estiran los brazos a lo largo del cuerpo.

El sillón debe estar orientado hacia el norte; es decir, debemos sentarnos mirando hacia el norte. Si estamos acostados, la cabeza debe apuntar al norte y los pies al sur.

d) Acostumbrarse a respirar lenta, rítmica y profundamente

Hay que entrenarse para seguir esta respiración completa, que parte del fondo de los pulmones y asciende hasta las fosas nasales.

Cultivar la imaginación

Sin entrar en profundidades acerca de los chakras mentales, diremos únicamente que la persona debe concentrar todos sus pensamientos en la zona del cuerpo situada entre las dos cejas. Debe respirar con calma, con los ojos cerrados, e imaginar al ser que desea influenciar. Éste «se acercará» a él, recreando todos los detalles de su apariencia externa.

Si es posible, expresará para sí misma —o en voz baja— el contenido de su voluntad, repitiendo las palabras mientras la conciencia de ellas se mantenga clara. Nunca debe forzarse el pensamiento ni intentar ejercer un esfuerzo excesivo: todo exceso resultará perjudicial para el éxito y agotador para quien lo realiza.

Como la imaginación habrá permitido al operador formarse una imagen rica en colores del sujeto hacia el que dirige su atención, deberá acostumbrarse a producir esa imagen hasta convertirlo en un acto casi automático.

Según la tradición, la emisión de pensamiento hacia el sujeto debe realizarse por la noche, durante su sueño, y después de haber pensado en él durante todo el día, de manera que este contacto llegue a convertirse, con el tiempo, en un vínculo sólido.

Ni siquiera es necesario creer en la realidad de ese vínculo para comprender el peligro que pueden entrañar tales prácticas si se realizan con intenciones maléficas.

Por ejemplo, la persona que odia y desarrolla ese sentimiento en su interior se convierte en alguien dominado por la ira.

Sabemos que las pasiones liberan toxinas en el cuerpo: la cólera excita el corazón y los centros nerviosos, pues libera una toxina que, en dosis elevadas, puede convertirse en un veneno real.

Así, resulta fácil comprender que el hechicero, consiga o no su propósito, siempre será la primera víctima si no toma las precauciones necesarias y no adquiere una forma tranquila y controlada de emisión de pensamiento, capaz de evitar trastornos fisiológicos graves.

La persona que, por el contrario, actúa con intención de liberar a alguien afectado por un hechizo no correrá riesgo alguno, siempre que obedezca escrupulosamente las prescripciones expuestas en los capítulos dedicados al deshechizo y al contrahechizo.

Seguir un régimen alimenticio que desarrolle la energía nerviosa

Quien desee prepararse para la acción a distancia deberá seguir un régimen bastante severo y suprimir en lo posible el tabaco y el alcohol, que dispersan el esfuerzo intelectual. El pan normal debe sustituirse por pan integral. Por regla general se evitarán los platos grasos y se consumirán carnes rojas a la plancha, verduras hervidas al vapor, patatas, judías verdes, coles, lentejas, guisantes, alcachofas, pepinos, calabacines, tomates no ácidos sin aceite ni vinagre, y pescado.

El pescado deberá escogerse entre estas especies: lenguado, merluza, rodaballo, trucha, mújol, perca, lucio y peces de superficie. Se comerá siempre a la plancha o hervido, nunca frito.

En cuanto a las bebidas, deberán excluirse el té, el café, la sidra y la cerveza. Se puede tomar vino tinto en dosis limitadas. El vino blanco tampoco resulta aconsejable.

Técnica práctica de la representación mental y de la producción de fuerza nerviosa

El operador deberá esforzarse en formarse imágenes lo más precisas y claras posibles. Deberá mantenerlas ante su conciencia el máximo tiempo posible. Ya indicamos que, después de ampliar los límites de su conciencia, deberá alcanzar un automatismo de evocación que, poniendo en juego las fuerzas y riquezas del inconsciente, controladas por las facultades superiores, le permita aumentar su poder evocativo.

En la práctica, la emisión de pensamiento se dirige mediante la perfecta realización del monoideísmo del operador. A pesar de lo que pueda creerse, resulta difícil obligar voluntariamente al espíritu a sostener un solo pensamiento.

Mientras escribe y se concentra en su obra, un autor escucha el ruido del viento, un reloj que da la hora, la bocina de un coche que pasa... y, aun así, permanece absorto en su tarea. El acto de escribir exige un estado de concentración constante. Pero, incluso entonces, los pensamientos ajenos a su trabajo influyen en él. Dejar la mente en blanco para consagrarse a una sola idea es una tarea muy difícil.

Existen varias formas de lograrlo. Una de las más sencillas es la autosugestión. Cuando esté relajado, el sujeto repetirá frases precisas dirigidas al objeto de su meditación. Las emitirá en voz baja o mentalmente, unas cincuenta veces. Para evitar distraerse contando, utilizará un cordoncillo con cincuenta nudos y pasará un nudo entre los dedos por cada emisión, igual que quien reza un rosario concentrado en su plegaria.

Cuando, gracias a la relajación y al silencio, la persona haya conseguido dejar la mente en blanco, se esforzará, como ya dijimos, en crear mediante la imaginación la imagen precisa del sujeto al que desea influir. Con la mente «despejada», alcanzará el monoideísmo y obtendrá buenos resultados.

Ya indicamos que la autosugestión permite desarrollar la energía nerviosa y que el monoideísmo es difícil de alcanzar y exige una paciencia extrema. Todavía queda un último consejo útil para el emisor:

Si resulta difícil mantener una sola idea en la mente, tampoco es sencillo situar una imagen precisa en la conciencia. Es cierto que reconocemos fácilmente a las personas que nos rodean, pero rara vez somos capaces de describirlas con precisión o de dibujarlas, incluso, si tenemos experiencia en la práctica artística. Esto es tan cierto que incluso los policías especializados en identificar a personas no se apoyan únicamente en fotografías, sino en un código fisiognómico basado en detalles del rostro, especialmente la forma del lóbulo de las orejas, que varía notablemente entre individuos.

Así pues, si queremos convertirnos en buenos emisores, debemos aprender a construir una imagen. Para ello actuaremos como un niño que aprende a escribir: comenzaremos por imaginar palotes. Pronto comprenderemos que es más difícil de lo que parece. Después seguiremos con formas geométricas: círculos, cuadrados. Luego imaginaremos cubos, esferas y conos. Una vez claras estas imágenes, pasaremos a objetos sencillos. Después, a muebles, a animales con formas características y a paisajes de líneas definidas. Y, por último, al ser humano.

Este entrenamiento permitirá a la persona disponer, en su campo mental, no de un cliché borroso o sintético, sino de una imagen precisa acorde con la evocación real.

La transmisión de pensamiento a distancia, en las condiciones que acabamos de describir, permite esta forma de hechizo directo a la que llamamos «hechizo de pensamiento».

La existencia de esta forma de acción psíquica ya no puede ponerse en duda tras las investigaciones del doctor Calligaris, de la Universidad de Udine, quien demostró que en cualquier individuo es posible establecer fenómenos telepáticos y visiones a distancia estimulando, mediante ligeras presiones, ciertos puntos de la superficie cutánea.

En Francia, el doctor Leprince prosiguió estas investigaciones de las que exponemos aquí lo esencial para mostrar que el fenómeno producido a voluntad por el hechicero, mediante entrenamiento, es en el fondo un fenómeno normal.

«Sobre la superficie del cuerpo existen líneas, puntos y placas cutáneas hiperestésicas, relacionadas con nuestros órganos (resonancia) o con los de otras personas (consonancia), así como con nuestros pensamientos o los de personas presentes o distantes.

»Se busca la hiperestesia de estas placas mediante un pequeño martillo frío o una corriente farádica ligera. Una vez delimitada la placa, se aplica un tampón de cuero y se espera a que el sujeto indique tres repercusiones de referencia. En ese momento la placa se considera cargada, es decir, sensibilizada, y el éxito de la experiencia está asegurado».

No profundizaremos más en este tema para no apartarnos de nuestro objetivo.

Basta con señalar que, si los casos de hechizo por transmisión de pensamientos a distancia han sido constatados por muchas personas, ahora la ciencia experimental también aporta su autoridad para confirmarlo.

Ya conocemos la técnica de transmisión del pensamiento a distancia. Sólo queda aclarar un último punto de orden psicológico.

Alcanzar el monoideísmo es muy positivo, pero no debemos exigir al espíritu un éxito demasiado rápido. El hombre que es odiado pero desea ser amado jamás debe, en la primera emisión de fuerza psíquica, forjar una imagen de amor.

Primero debe crear una imagen clara del sujeto para establecer el contacto con él. Después, se concentrará en la imagen que represente la culminación del deseo y la modulará gradualmente, pasando de la indiferencia –preferible al odio– hasta llegar al amor.

La técnica práctica expuesta exige una extrema paciencia y muchas precauciones. Puede causar trastornos mentales, especialmente en quienes no están acostumbrados a concentrarse.

Volveremos sobre este tema al estudiar los contrahechizos, pero conviene advertir ya a quienes quieran prepararse para liberar a otros de un hechizo: deben avanzar muy despacio y realizar estos ejercicios sin abusar de sus fuerzas.

En cuanto a las personas –y son muchas– que son víctimas de un autohechizo, no hará falta insistir en los beneficios que pueden obtener de este método. Por regla general, se consideran odiadas y embrujadas por terceros. Hay que ayudarles a emitir su fuerza psíquica con la intención de transformar ese supuesto odio en amistad. Una vez su espíritu se llene de pensamientos luminosos, el organismo recuperará fuerza y se liberará de toxinas.

Recuperarán su equilibrio y perderán la sensación de temor y angustia que les hacía creerse hechizados.

El «hechizo imaginario» dejará de ser el pretexto de sus fracasos y volverán a confiar en sí mismos.

Tras algunas semanas de tratamiento podrá llevarse al paciente ante la persona que cree maléfica. A veces esta persona estará prevenida, pero como no es culpable de ninguna intención dañina, no mostrará resistencia. Entonces el sujeto se sentirá seguro, confiará en su «antiguo enemigo» y recuperará una psicología normal.

Es evidente que el psiquiatra debe determinar la duración y la modalidad del tratamiento.

No nos cansaremos de repetirlo: afortunadamente los verdaderos hechizos son escasos, mientras que las personas que creen estar hechizadas son innumerables. Y precisamente uno de los principales objetivos de este libro es ayudarles a liberarse de su obsesión.

Capítulo IV

EL HECHIZO A TRAVÉS DE UN SOPORTE. LOS PROCEDIMIENTOS INDIVIDUALES

Dejando atrás el terreno de la psicología y el estudio de la transmisión de fuerza psíquica a distancia –definida anteriormente como «hechizo de pensamiento»–, vamos ahora a examinar los procedimientos de hechizo realizados a través de un objeto. El objeto, recordemos, actúa como un condensador que facilita las operaciones.

Actualmente, éste es el tipo de hechizo más frecuente y el único utilizado en el ámbito rural. Incluye innumerables recetas, la mayor parte de ellas casi impracticables. Nos abstendremos de mencionarlas, pues sólo poseen un interés documental.

Los procedimientos típicos utilizados son los clavos, el cordoncillo anudado, la carga, el hechizo alimentario y la muñeca o *dagyde*.

En otro capítulo hablaremos de la cadena mágica, de los encantamientos y de los procedimientos en los que intervienen varios operadores o fuerzas externas al ser humano.

Fieles al propósito de este libro, examinaremos estos métodos sin revelar los elementos rituales que acompañan su práctica. Así, el lector estará protegido contra cualquier tentación.

Los clavos

Es uno de los métodos más sencillos. Consiste en clavar un clavo con fuerza en la huella que la persona a la que se desea perjudicar acaba de dejar en el suelo.

Si el día de la operación el Sol está visible, bastará con pinchar la sombra de la víctima con un clavo, un puñal o la punta de una lanza.

El objetivo es herir en el pie a la persona elegida o provocarle dolor o enfermedad en el punto del cuerpo sobre el que el hechicero concentra su pensamiento.

Este método es común entre brujos africanos. Es difícil evaluar sus resultados, ya que suele advertirse a la víctima y, por su mentalidad primitiva, a menudo sucumbe por miedo y desesperación.

El gesto es simbólico: ofrece al espíritu del hechicero un punto de concentración. En esencia, el procedimiento es similar al de la muñeca: se hechiza la «sombra» simbólica de la persona.

Existe un método parecido que consiste en clavar un trozo de madera en el lugar donde la persona (o el animal) acaba de orinar. El hechicero imagina que el fragmento penetra en la uretra del sujeto para causarle fuerte dolor o incluso la muerte.

El cordoncillo anudado

Es un procedimiento muy antiguo, todavía utilizado en medios rurales por amantes decepcionados que ven cómo la persona amada se casa con otro.

No citaremos los casos en los que este hechizo parece haber tenido éxito; numerosos comentaristas ya los han recopilado. Esta obra no es histórica, sino práctica. Nuestro objetivo es exponer los métodos, no comentarlos.

Sea con cordoncillos, clavos o *dagydes,* la técnica no es más que un apoyo al pensamiento del hechicero. El ritual, cuando lo hay, refuerza el maleficio. Ciertos materiales, por razones de magia cósmica, pueden facilitar el éxito.

El hechizo del cordoncillo anudado se realiza de la siguiente forma:

Su objetivo es volver impotente a un recién casado. Se ejecuta a la salida de la iglesia. El operador utiliza el miembro de un caballo, de un lobo o, preferiblemente, de un toro recién sacrificado. Actúa en la puerta o en la escalinata de la iglesia. En el instante en que pasa la persona a la que desea hechizar, la llama. Cuando ésta se vuelve, ata bajo sus ropas el miembro del animal con un lazo blanco.

Así, teóricamente, el hechizo queda consumado.

En este proceso vemos claramente el mecanismo psicológico de transferencia simbólica. Los psicoanalistas lo encuentran a menudo en enfermedades mentales o en la interpretación de sueños. Es un mecanismo inherente a la naturaleza humana.

El gesto sirve de apoyo al pensamiento y, aunque pueda carecer de sentido por sí solo, cuando está acompañado de una emisión fuerte de pensamiento puede dirigirla, canalizarla y reforzarla.

Además de este procedimiento, existen dos más. No mencionaremos el que consiste en estrangular una muñeca semejante a la persona, porque se trata de una forma de hechizo mediante *dagyde* que ya estudiaremos.

Sí debemos mencionar un procedimiento de anudamiento utilizado cuando el hechicero no puede o no se atreve a actuar en público.

Se emplea un cojín o almohada donde haya dormido la persona a la que se desea hechizar. Se descose, se extrae su relleno (plumas, lana, etcétera) y se forman manojos unidos con hilo y un nudo en forma de cruz. Después se cose de nuevo el cojín. Otros simplemente utilizan un hilo negro que anudan nueve veces y colocan bajo la cama o el colchón del marido.

Todo ello se acompaña de pensamientos de odio e invocaciones al mal.

La carga

Hechizar mediante el pensamiento requiere disciplina y entrenamiento a los que pocos espíritus malignos son capaces de someterse. Por ello, este tipo de hechizo suele ser privilegio de un mago benéfico.

No sucede lo mismo con los distintos tipos de hechizos que vamos a estudiar ahora, que proporcionan un apoyo material al operador. Estos procedimientos facilitan las manifestaciones y permiten que incluso un hechicero poco experimentado obtenga resultados.

La carga y la *dagyde* son procedimientos similares y considerados técnicas clave del hechizo.

La carga puede emplearse tanto contra animales (magia rural) como contra seres humanos.

Entre los condensadores utilizados tradicionalmente, podemos encontrar el topo, el lagarto, la serpiente y el murciélago. También se emplean huevos no fecundados y piel de tejón, así como el corazón de cordero o de ternera. Estos dos últimos elementos, muy fáciles de conseguir, suelen ser los preferidos por los hechiceros rurales de nuestros días.

El animal es llevado vivo a la casa del hechicero, salvo en el caso del corazón o de la piel. En ese supuesto, el soporte del maleficio debe recogerse en el mismo momento de la muerte del animal y con vistas explícitas al hechizo. El operador mata al animal degollándolo lentamente. No debe torturarlo, pero tampoco ejecutar la muerte con demasiada rapidez, pues, según se afirma, para facilitar la transferencia de influencia a distancia, la agonía ha de ser lenta.

Antes de la operación, el animal se pone en contacto con algún objeto perteneciente a la persona a la que se desea hechizar, o con alguna de sus prendas que haya rozado todo su cuerpo o parte de él. El pelaje, la lana o las plumas se utilizan cuando el hechizo busca provocar la muerte de un animal, mientras que los recortes de uñas, de camisas, calcetines, pañuelos, etcétera, se emplean cuando el maleficio está destinado a un ser humano.

Una vez preparada, la carga se entierra en la casa o en sus inmediaciones. Al tratarse de un acumulador de fluido, incluso si el hechicero posee una voluntad débil, el daño puede llegar a ser considerable, porque sus esfuerzos de volición no se pierden —como sucede en la influencia a distancia pura—, sino que se van sumando a la carga hasta volverla eficaz.

El papa Inocencio VIII dedicó una bula a la actividad de los hechiceros y numerosos cronistas, como Froissart, mencionan operaciones de hechizo por carga. Tras haber sido confesadas, estas prácticas llevaron a muchos de sus autores a la hoguera.

Algunas almas particularmente negras refuerzan la carga mediante distintos sacrilegios. Unos entierran la carga en un cementerio, cerca de la tumba de un muerto conocido; otros mezclan en ella hostias consagradas robadas de las iglesias.

Estos gestos no tienen más que una finalidad práctica, a menudo inconsciente: se trata de aumentar la fuerza de la carga vinculándola al hechicero a través de la cadena del secreto y, de forma indirecta, del remordimiento. Cuando el hechicero segrega odio, ese odio puede convertirse en un poderoso medio de acción para liberarse del atroz recuerdo de sus actos y justificarlos ante sí mismo.

Pero todo esto nos aleja del terreno de la magia y nos acerca a los límites de la locura.

Con o sin sacrilegio, el principio que rige la fabricación de la carga sigue siendo el mismo, y la fuerza del sortilegio será siempre proporcional a la tensión de la voluntad que preside su creación, aunque con una reserva importante:

El peligro de la carga reside en que acumula los esfuerzos voluntarios realizados: es decir, una persona con poca fuerza psíquica, pero muy paciente, puede, sumando sus esfuerzos, llenar la carga de un potencial temible.

En la segunda parte de esta obra, dedicada a la lucha contra los hechizos, mostraremos un procedimiento muy sencillo para hacer desaparecer rápidamente los efectos de la carga y liberarse de ella en poco tiempo.

Ahora ya sabéis cómo se puede preparar una carga, y podéis imaginar que existen muchos otros métodos para fabricarla. Consideramos totalmente innecesario describirlos, pues son esencialmente individuales y sólo importa su principio.

El objetivo de este libro –y no nos cansaremos de repetirlo– no es facilitar el trabajo de los hechiceros, sino enseñar a sus víctimas a liberarse de su influencia.

Todos los métodos de hechizo se basan en la influencia a distancia. Ésta puede ejercerse con mayor facilidad mediante un objeto. Sea cual sea el objeto escogido, el método que permite suprimir los efectos del sortilegio es, en esencia, uno solo. Su base psicológica y su ritual mágico son siempre los mismos. Por ello, sería inútil profundizar en los detalles de una técnica a menudo repugnante y cuyo conocimiento sólo posee un interés anecdótico.

El hechizo alimentario

Es un tipo de hechizo derivado de la carga, cuyo objetivo es actuar sobre un sujeto haciéndole consumir alimentos sometidos previamente a una preparación oculta. Los campesinos conocen muchas recetas, la mayoría inútilmente complicadas… aunque no siempre inútilmente, ya que sirven para justificar la importancia de sus emolumentos.

Los productos más utilizados son caldos hechos con animales tradicionalmente considerados nefastos o con embriones.

Técnicamente, el hechizo de amor no se diferencia de los demás tipos de acción oculta. Sin embargo, el hechizo amoroso a través de los alimentos se aproxima, por vía mágica, a ciertos descubrimientos de la ciencia experimental.

La opoterapia se basa en la idea de que las propiedades de un órgano animal se conservan cuando se utilizan en la elaboración de productos farmacéuticos para consumo humano. Los extractos de hígado, de glándulas, etcétera, son ejemplos de ello: su función es compensar ciertas deficiencias del organismo.

La magia ha aplicado la misma idea y con resultados que no siempre pueden descartarse. Uno de estos hechizos amorosos se practica con la ayuda del «hipólogo».

Bajo este mismo nombre se designan dos productos distintos. El primero es una mucosidad de la vulva de las yeguas; el segundo, una concreción fibrinosa, oscura y elástica que flota en el líquido que recubre el feto del caballo.

Ambos se utilizan en polvo –tras haberlos secado para evitar la putrefacción– y se mezclan con los alimentos. Según los antiguos autores, provocan una violenta pasión amorosa en quienes los ingieren.

En efecto, el hipólogo procedente de las secreciones de la yegua tiene una considerable virtud afrodisíaca para el caballo. No tiene nada de sorprendente: este producto desencadena en el animal toda una serie de reflejos vinculados a la llamada de la naturaleza.

Otras recetas recurren al uso de pan y sangre, y a la mezcla de la sangre menstrual con la que se extrae de un dedo pinchado con una aguja.

Aquí encontramos el prototipo de la operación mágica, cuyo simbolismo es evidente. De manera general, el pan simboliza el alimento del cuerpo. La sangre que brota del dedo representa la vida, la unión proyectada de dos seres y, en cierto modo, su comunión –se trata de una comunión pagana entre dos naturalezas–. La sangre menstrual simboliza la posesión amorosa y, por último, la desecación por el fuego –agente purificador– sublima el hechizo y demuestra que no se ha realizado con intención maléfica, sino con el fin de asegurar la felicidad de la pareja.

Para que estos procedimientos sean realmente eficaces, quien los emplee debe proyectar su voluntad, convirtiendo el objeto utilizado en un verdadero acumulador de su deseo. También es conveniente acompañarlos de un ritual de invocación y encantamiento que, evidentemente, no expondremos aquí, porque el único ritual que nos interesa es el que se utiliza para defenderse de los hechizos.

La muñeca o *dagyde*

Es el tipo de hechizo más frecuente y también el más universal. Su finalidad es vincular la sensibilidad de la víctima a una materia condensadora de fuerza psíquica, a través de la cual el operador podrá actuar a su antojo.

Sabazius, en su libro dedicado a los hechizos –hoy ya prácticamente inencontrable–, observa:

«Los elementos del hechizo por *dagyde* son tres: una materia condensadora, la sensibilización de esta materia y el hechizo propiamente dicho de la materia ya sensibilizada, que se convierte así en una prolongación directa de la víctima.

»La tradición cabalística ha recomendado siempre la cera modelada para fabricar la figura de la persona a la que se desea hechizar.

»Esta pequeña estatua puede sustituirse por una lámina de gelatina dibujada en forma humana, por un huevo no fecundado, por terciopelo de lana, por los animales citados en el apartado relativo a la carga, o por grasa de cerdo o de cordero».

En la actualidad, el hechicero usa con frecuencia una fotografía que muestra con claridad a la víctima a la que desea someter a sus deseos de amor u odio.

Aquí el autor hace un breve paréntesis para precisar que el hechizo por medio de una fotografía es muy corriente. Que tenga éxito o no depende, evidentemente, de la persona que lo realiza. Afortunadamente, la mayoría de quienes lo intentan son simples aficionados, no iniciados, y rara vez obtienen resultado alguno.

Durante mucho tiempo el autor pensó que hoy apenas existían hechiceros, salvo entre la gente del campo. La experiencia le demostró lo contrario. Ese mismo año, en París, el azar quiso que se encontrara con un contrahechicero que trataba a personas «hechizadas» y que poseía varias fotografías perforadas con puntas de flecha o alfileres, sustraídas a los hechiceros.

Que los efectos de estos hechizos sean reales o se limiten simplemente a atemorizar a las víctimas es algo que no discutiremos aquí y que tampoco hemos podido comprobar. Una de las fotografías pertenecía a un obrero de una fábrica de Billancourt, la segunda a la esposa de un importante industrial y la tercera a un conocido funcionario cuya imagen aparece a menudo en la portada de los periódicos.

Eficaz o no, el hechizo se intenta con frecuencia, tanto en la ciudad como en el campo, y en todos los estratos de la sociedad.

Volvamos al método del hechizo por *dagyde*. Como ya hemos dicho, el material escogido debe ser sensibilizado.

Para ello, el operador debe conseguir algún elemento corporal de la víctima: cabellos, vello, restos de uñas, excrementos o, al menos, un objeto que haya estado en contacto con ella. Entonces debe triturar estos elementos junto con la materia que quiere sensibilizar, de modo que ésta se convierta en una prolongación «vibrante» de la futura víctima. Cuando resulte imposible conseguir estos objetos, utilizará una carta o tocará el cuerpo del sujeto y, en ese mismo momento, impondrá su mano sobre la estatuilla.

Si actúa mediante una fotografía, unirá a ésta los fragmentos citados antes y realizará una imposición de manos sobre el cliché, después de haber tenido contacto con el sujeto. Si la persona tiene un perfume preferido, podrá derramar unas gotas sobre la *dagyde* o en el reverso de la fotografía, para no borrar la imagen. El perfume facilitará el ejercicio del pensamiento por su poder físico de evocación.

En otros tiempos, muchos hechiceros bautizaban la estatuilla con el nombre de la persona a hechizar, para reforzar la identificación. Estas prácticas sacrílegas han desaparecido casi por completo. Su única finalidad era convencer todavía más al hechicero de la fuerza de su acción y, por consiguiente, intensificarla.

La emisión de la voluntad es tanto más eficaz cuanto más profundamente hunde sus raíces en el subconsciente del operador.

Entonces comienza el hechizo del «volt». El término «volt» o «voult» procede del latín *vultus*, que significa rostro. Aquí, esta parte del cuerpo se toma por el todo: la palabra «rostro» designa la personalidad, la persona entera.

El hechizo por odio se realiza del siguiente modo: el autor del maleficio piensa con intensidad y rencor en el daño que quiere provocar e insulta a la estatuilla o a la fotografía de su víctima. Le clava alfileres en el cuerpo y, si es experto, elige con cuidado los puntos de aplicación del sufrimiento. Deja los alfileres clavados en ella y hace que la figura se funda lentamente en el fuego. Refuerza su acción con el ritual de invocación, que le proporciona la ayuda de entidades astrales.

Cuando el hechicero empieza a sentir fatiga, debe guardar la muñeca con cuidado y reanudar su trabajo al día siguiente y así, día tras día, debe ir «cargando» cada vez más la figura hasta obtener el resultado deseado. Algunos operadores, una vez finalizado su trabajo, conservan la muñeca junto a ellos y, varias veces al día, cuando están solos, refuerzan su acción realizando pequeñas sesiones de impregnación e hiriendo la figura con alfileres.

El hechicero por odio hace sufrir a la efigie los males que desea infligir a su enemigo y, como normalmente busca su muerte, termina sus sesiones hiriendo la estatua con un cuchillo.

El hechicero por amor conjura la dagyde acariciándola para atraer hacia sí a la persona deseada. Le pide que le pertenezca en cuerpo y alma y repite sus operaciones hasta obtener el resultado… O hasta volverse loco, un riesgo que debe asumir y que, afortunadamente, disuade a muchos candidatos a hechiceros.

La magia confirma aquí una vez más algunas constataciones de la ciencia experimental, pues M. de Rochas demostró que era posible exteriorizar la sensibilidad y concentrarla en ciertas sustancias.

De paso, señalemos que los chinos practican métodos semejantes a los occidentales, aunque suelen actuar sobre una figura dibujada en papel.

Para terminar, mencionaremos otros dos procedimientos de hechizo basados en este mismo principio.

El hechicero puede escribir cartas de amor en una hoja impregnada con su propia sangre y quemarlas junto con cabellos y el perfume de la mujer deseada.

Finalmente, puede arrojar la *dagyde* a un brasero encendido por él mismo, en el que quema tomillo y sándalo, pronunciando: «Así como se derrite esta cera bajo los auspicios del espíritu invocado, así se derretirá de amor el corazón de hielo que deseo encender». Esta operación se realiza de noche, bajo la invocación de Saturno para el odio y de Venus para el amor.

El hechicero debe tomar la precaución, rigurosamente indispensable, de realizar el triángulo protector, es decir, un hechizo triangular. Debe designar mediante la voluntad a un animal o a una materia sensible que reciba el retorno del fluido en caso de contrahechizo.

El animal puede ser, por ejemplo, una tortuga, un gato o una rata; el objeto, una masa de cera o una jarra de agua pura.

En caso de devolución del hechizo —el llamado efecto *boomerang*—, este tercer factor actúa como escudo protector que desvía la acción.

El hechicero debe poner tanto empeño en protegerse como en atacar. Sin embargo, en la práctica, rara vez lo hace. Quien hechiza suele estar poseído por el deseo de obtener un resultado rápido y no reflexiona sobre las consecuencias. Sólo busca su éxito y no invierte sus fuerzas en protegerse.

Cuando finalmente toma conciencia de ello, ya está fatigado, ha gastado sus energías en hechizar y sólo entonces se preocupa por el «trabajo triangular».

El hechicero experto, consciente del peligro de dejarse arrastrar por la pasión, interrumpe sus sesiones antes de alcanzar el paroxismo de la emisión voluntaria y piensa en protegerse. Luego reanuda su trabajo y lo concluye con un nuevo esfuerzo de defensa.

Conviene añadir que ni siquiera todas estas precauciones protegen –por fortuna– a los hechiceros contra una persona cualificada que practica un contrahechizo. Y es justo que así sea.

Capítulo V

LOS PROCEDIMIENTOS COLECTIVOS DE HECHIZO

Pasemos a estudiar los procedimientos de hechizo colectivos, que no sólo conciernen a quien realiza el hechizo y a quien lo sufre, sino también a terceros, humanos o entidades, a los que recurre el operador.

La cadena mágica es el procedimiento típico de hechizo colectivo. No existen diferencias esenciales, desde el punto de vista mágico, entre los métodos de la primera categoría y los que estudiaremos ahora, puesto que unos y otros se basan en un ritual y en encantamientos que añaden una considerable fuerza a la emisión del operador. La separación responde únicamente a una necesidad de clasificación.

La cadena mágica

Se obtiene reuniendo a varias personas que se dan la mano para formar un círculo. Todos concentran su energía en un objetivo determinado y la voluntad de cada participante se ve multiplicada por el número de operadores. Éstos pueden cogerse de la mano o por el hombro.

También pueden formar un círculo de menor diámetro y situar sus manos en el centro, unas encima de otras, sin que lleguen a tocarse.

La cadena mágica más eficaz se forma del siguiente modo:

Los participantes cruzan los brazos sobre el pecho. La mano derecha de cada uno es sostenida por la mano izquierda del vecino de la izquierda y, con su mano izquierda, sostienen la mano derecha del vecino de la derecha.

El hechicero se sitúa frente a oriente. Los dos participantes colocados a su derecha y a su izquierda están unidos a sus respectivos vecinos según lo descrito, pero no le toman las manos: se limitan a poner su mano libre sobre sus hombros, derecha e izquierda.

El hechicero o maestro de la cadena tiene, por consiguiente, las manos libres. Las dirige, formando una punta, hacia la imagen o figurilla que debe ser hechizada, colocada sobre un soporte de madera en el centro del círculo.

Algunas sociedades secretas utilizan esta disposición, que resulta muy eficaz, siempre unida al uso de un ritual. La cadena mágica es una técnica que nos interesa de forma particular, ya que también puede emplearse como defensa. Volveremos sobre ello más adelante.

Misa negra

No es faltar al respeto al pensamiento religioso afirmar que la misa es una operación mágica.

Su ritual es el prototipo mismo del ritual de magia. La diferencia es que su finalidad es siempre benéfica. Se celebran misas, por ejemplo, para el descanso de las almas de los muertos: quien las encarga desea que la fuerza de la plegaria acuda en ayuda del espíritu del difunto.

El principio básico de todas las ciencias tradicionales afirma que «todo está en todo», que «el microcosmos se parece al macrocosmos» o que «lo que está arriba es como lo que está abajo».

Es evidente que el sentido de una de estas operaciones puede invertirse y que es posible utilizar ese poderoso resorte mágico que es la misa, ya no con intención «blanca» o benéfica, sino con fines maléficos o «negros».

Se tenga o no espíritu religioso, está claro que se trata de un sacrilegio abominable que, para ser eficaz, exige la complicidad de un sacerdote. Por fortuna, hoy existen muy pocos sacerdotes indignos y resulta totalmente inútil exponer el ritual de la misa negra tal como lo describió Francisco Galcián.

Es un hecho que todavía se celebran misas negras, aunque cada vez con menos frecuencia, y a menudo quienes afirman haber asistido a ellas sólo han sido testigos de un «juego erótico-diabólico» en el que algunos desgraciados desequilibrados se prestan a un simulacro antes de abandonarse a la orgía.

El proceso más célebre relacionado con las misas negras es el de La Voisin, pero no nos detendremos en él: nuestro objetivo, una vez más, no es histórico, sino técnico y práctico.

El principio de la misa negra consiste en utilizar la fuerza del oficio, canalizada por el sacerdote profanador, para hechizar de odio o de amor a una persona. Se emplea el cuerpo de una mujer desnuda como altar y las hostias consagradas son profanadas por los asistentes.

45

Lo que distingue básicamente la misa negra de otros hechizos es que, aquí, no actúa el hechicero habitual, sino el sacerdote indigno encargado de celebrar el oficio.

Tampoco este método execrable se utiliza hoy en gran medida y, por ello, no merece un examen prolongado.

El hechizo sexual

Este procedimiento se utiliza con frecuencia en nuestros días. Precisa la colaboración de dos seres humanos de sexo opuesto: el hechicero o la hechicera y un compañero o compañera que conozca el ritual y esté dispuesto a realizar el acto sexual que implica.

El hechizo tiene lugar en una habitación poco iluminada y perfumada con incienso. La *dagyde* o la imagen de la persona a hechizar se coloca en la estancia, cerca de quien realiza el encantamiento.

Durante todo el tiempo que dura el acto sexual, esta persona formula el deseo que espera ver cumplido y se esfuerza por mantener la imagen de la víctima ante su espíritu.

La energía sexual liberada con el acto provoca una vibración de todo el ser e incrementa de modo considerable su capacidad de emisión psíquica.

La idea directriz de los rituales de hechizo sexual es la siguiente: el hombre es positivo por su sexo y por su voz, pero pasivo y negativo por su cerebro; la mujer, por el contrario, es negativa por su sexo, pero positiva y fecundadora por su espíritu.

Con esto hemos terminado el examen de conjunto de los distintos procedimientos utilizados por los hechiceros.

A partir de ahora entraremos en la parte más útil y activa de nuestro estudio: la que se refiere a la protección contra los hechizos, a su tratamiento y, en ciertos casos, a la ofensiva que debe emprenderse contra el hechicero.

En esta parte no nos limitaremos a nombrar los métodos: daremos todos los detalles de su aplicación, así como los rituales correspondientes.

Estos textos mágicos son muy poco conocidos y rara vez han sido publicados.

Nos apoyaremos esencialmente en la obra de Francisco Galcián, el monje español cuyo libro el destino puso en nuestras manos, y cotejaremos su contenido con los trabajos de Sabazius, que constituyen un verdadero compendio en esta materia.

Con algunas variantes, ambos textos son muy afines. El ritual puede pronunciarse en lengua vulgar o en latín. A pesar de la fuerza del latín, lengua sagrada, hemos preferido el español, con el fin de facilitar la tarea al lector.

Cuando, una vez examinados los métodos, lleguemos a la parte ritual, aparecerán ciertos elementos extraños. No creemos que deban ser objeto de crítica.

Desde el punto de vista esotérico, tras sus palabras, un ritual oculta un profundo sentido; desde el punto de vista exotérico, sólo se plantea una cuestión: la de su eficacia.

El ritual que vamos a presentar es un ritual clásico, cuya eficacia ha sido reconocida en innumerables ocasiones.

Capítulo VI

EL DESHECHIZO

Llamaremos «deshechizo» al conjunto de métodos que permiten anular los efectos de un hechizo, y «contrahechizo» a los procedimientos que no sólo liberan a la persona afectada, sino que además devuelven al emisor o condensador las fuerzas dirigidas inicialmente por el hechicero hacia su víctima.

Para luchar con eficacia contra los hechizos es preciso conocer, ante todo, sus síntomas, así como aprender a reconocer a las personas con aptitudes para practicarlos.

Sobre este último punto no podemos establecer ninguna ley general, pero sí ofrecer algunas indicaciones útiles.

Los rostros triangulares son dignos de temor; no los de trazos duros y enérgicos, sino aquellos que presentan labios finos, mirada esquiva, barbilla prominente, orejas despegadas y nariz aguileña. En una palabra, los rostros saturninos.

Desde este punto de vista, la astrología y la grafología resultan especialmente precisas. Marte, planeta de la actividad voluntaria, la Luna, astro de la imaginación, y Saturno, que contiene simbólicamente el espíritu de reivindicación, son las dominantes astrales que se encuentran con mayor frecuencia entre los hechiceros.

Según M. C. Poinsot, los nativos de Cáncer, Escorpio y Capricornio son dignos de sospecha, así como toda persona cuyo tema natal presente a Marte, la Luna y Saturno con mal aspecto o con cúspides maléficas en las casas VI y XII.[1]

Evidentemente, ninguna de estas indicaciones tiene un valor absoluto. No se debe acusar a nadie basándose en simples probabilidades. Sólo el estudio profundo del carácter y del comportamiento puede conducir a una conclusión.

Este análisis jamás debe ser realizado por quien crea estar hechizado y se encuentre en un estado de hipernerviosismo. Debe ser confiado a un tercero, capaz de apreciar la situación y evitar una interpretación parcial y subjetiva del comportamiento.

La interpretación es difícil, pues los síntomas se confunden a menudo con los de enfermedades nerviosas, delirios, manías, etcétera, así como con los de algunas anemias perniciosas.

Es preciso aprender a distinguir entre «hechizado» y «poseído». El hechizado se halla sometido a la voluntad de otro ser humano; el poseído está habitado por una entidad del mundo invisible.

Muchos individuos creen estar poseídos. La mayoría son enfermos recluidos en asilos mentales. Algunas personas afectadas por sífilis avanzada presentan síntomas semejantes y su tratamiento es puramente médico. Otros manifiestan las mismas tendencias tras un grave choque psicológico y necesitan ayuda médica y también psiquiátrica. Finalmen-

---

1. Véase Poinsot, M. C.: *La magie des campagnes*. La Diffusion Scientifique, Paris, 1957, entre otras obras de Poinsot.

te, existen algunas personas que, según la expresión popular, parecen estar realmente «poseídas por el diablo».

La mayoría de las veces, un buen magnetizador o un ocultista experto consigue curarlas. Además, como ya dijimos, en cada diócesis, la Iglesia católica cuenta con un sacerdote exorcista encargado de expulsar los demonios del cuerpo de los poseídos.

Este sacerdote conoce un ritual de gran poder y eficacia. Sin embargo, interviene en contadas ocasiones, pues la Iglesia actúa con extrema prudencia en lo referente a los casos de posesión, que suelen ser, en su mayoría, competencia de la medicina experimental.

Muchísimas personas creen estar hechizadas. En la mayoría de los casos observados, su estado no tiene nada de preocupante. Pertenecen a la categoría de los autohechizados, de quienes ya hemos hablado al principio del libro. Por regla general, éstos son los casos más frecuentes y veremos más adelante qué debe hacerse para liberarlos.

La persona verdaderamente hechizada, por el contrario, jamás habla de esta posibilidad y, por lo común, ignora o no cree en la eficacia del hechizo. Suele entristecerse y angustiarse sin motivo aparente. Su carácter se vuelve cíclico, alternando fases de agitación y de abatimiento. Su sistema nervioso empieza a sufrir trastornos. Padece dolores intensos y breves a intervalos regulares, sobre todo por la noche.

Con frecuencia muestra marcas de cortes y cardenales. El hechicero, que suele actuar de noche, cuando la víctima duerme, no tiene dificultad en atraer su cuerpo astral y fijarlo en el volt ya cargado con su sensibilidad. De este modo, martiriza, literalmente, a su víctima, y las huellas de los golpes asestados en el plano psíquico llegan a ser visibles en la piel al despertar.

En resumen, el hechizado presenta el aspecto de una persona marcada por un inexplicable y repentino desgaste físico, así como por una vejez prematura.

Aquí se trata de un hechizo de odio. La víctima de un hechizo de amor no siente dolor, sino una pérdida de energías, una extraña pasividad, una ausencia total de pudor hacia un ser que, con anterioridad, le resultaba completamente indiferente, pero que de repente despierta en ella un fuerte deseo sexual, un deseo brutal, degradante y cegador.

La persona cuyo cuerpo cede al impulso mágico, pero cuyo psiquismo más profundo se rebela contra este estado, experimenta una sensación de disgusto y de malestar. Empieza a desinteresarse por la vida hasta tal punto que, a menudo, puede llegar incluso a los límites de la locura e intentar liberarse de su tristeza mediante el suicidio.

Sea como sea, el origen de todos los trastornos que acabamos de exponer puede ser tanto fisiológico como mágico. Por lo tanto, cuando una persona presenta tales síntomas, conviene someterla primero a un examen médico. En la mayoría de los casos será suficiente. Seguramente se tratará de alguna enfermedad característica o de un trastorno hereditario provocado por los antecedentes del sujeto.

Sólo cuando la medicina fracase podremos permitirnos otras indagaciones, sobre todo si en el entorno del sujeto o entre las personas que haya conocido últimamente se encuentra alguien que pudiera tener motivos para desearle algún daño o que haya sido rechazado sexualmente por él.

Una vez descubierto el posible enemigo, se podrá proceder al tratamiento mágico, aunque con la debida prudencia. En principio, deberá tratarse de un deshechizo y no de un contrahechizo, ya que este último procedimiento sólo puede emplearse cuando se tiene una certeza total, es decir, cuando el mago negro ha sido sorprendido in fraganti.

Terminemos este apartado recordando que, en novecientos noventa casos de cada mil, la medicina bastará para resolver el problema. En nueve casos de cada mil se trata de un autohechizo, y sólo uno de esos mil puede considerarse realmente como un verdadero maleficio.

Profilaxis del deshechizo

Existe todo un conjunto de métodos que permiten privar de eficacia al trabajo del hechicero. En magia, estos métodos desempeñan el mismo papel que las vacunas en medicina.

El primer principio es que un ser mezquino nada puede contra otro ser cuyo espíritu sea más elevado. Una persona dotada de excelente moralidad, espíritu evolucionado y alma digna estará siempre protegida contra los ataques de un ser inferior.

La mayoría de las veces, el hechicero suele ser un individuo inferior; si no en cuanto a inteligencia, sí al menos en lo referente a moralidad y calidad del alma.

Incluso si el hechicero utiliza todas las fuerzas externas que la tradición designa como «poderes del abismo», éstas jamás podrán actuar contra la protección psíquica que proporciona un alma fuerte y noble.

La plegaria –cualquiera que sea la religión del sujeto– es uno de los medios más eficaces para luchar contra los hechizos, siempre que sea una plegaria de amor y de perdón. Su influencia será entonces mucho más poderosa que la del hechicero, que no hace más que invocar a las fuerzas inferiores del mal.

En nuestras regiones, el signo tradicional de protección es la cruz. Aunque durante la plegaria ordinaria este signo se realiza según el rito habitual, cuando se invoque a los poderes superiores con vistas a obtener una protección mágica más intensa, convendrá trazar la cruz cubriendo todo el cuerpo, es decir, bajando el brazo hasta la altura de los pies.

También podemos aconsejar otras actitudes a quienes se sientan amenazados por un hechizo.

Ante todo, les recomendaremos que no fijen la mirada en ninguna persona si no es absolutamente necesario y que, sobre todo, eviten hacerlo los días en que se sientan muy deprimidos. Durante las conversaciones, bajarán ligeramente los ojos, sin actitud de falsa humildad y, cuando miren de frente a la persona con quien hablen, dirigirán la vista a la raíz de su nariz.

Además, deberán evitar el contacto prolongado de la mano con las personas que encuentren y, si se sienten excesivamente impresionados por la mirada fascinante de alguien, cerrarán el pulgar de una mano sobre el dedo anular y el corazón, que ocultarán doblándolo sobre sí mismo, mientras el índice y el meñique apuntan hacia adelante, dirigidos a la persona en cuestión, pero sin que ésta lo advierta.

Debemos evitar por todos los medios dejar olvidados mechones de cabello, recortes de uñas, trocitos de ropa y otros, que –como sabemos– pueden aumentar la fuerza del hechizo.

Echaremos al fuego todos aquellos objetos sospechosos que encontremos en nuestras casas. Además, recurriremos a todos los medios de defensa conservados desde tiempos inmemoriales en la tradición mágica. Los más importantes son los dientes, las pezuñas y el falo.

Los collares de los pueblos primitivos estaban hechos con dientes, porque el diente es un arma natural. Los collares de los salvajes que llevan dientes de fieras y a veces también humanos han sido siempre fluidificados por un ritual eficaz. Si no podemos conseguir un collar de este tipo, nos bastará con un diente de animal salvaje, que llevaremos en el puño derecho o colgado del cuello y del que nunca nos separaremos. Lo consagraremos pasándolo por el humo del incienso y pronunciando estas palabras:

«Dios misericordioso, grande y poderoso, adoro tu suprema majestad. Concede la gracia de recibir la virtud de los salmos a tu siervo. Te conjuro por tus santísimos nombres, Agla, Aglay, Agios, Othés, Alpha y Omega, para que me sea concedido el total cumplimiento de mi petición. Oh Dios, fuerte y abundante en dispensar gracias, que tu santo nombre sea alabado y glorificado eternamente. Así sea».

Las garras de un animal poseen el mismo efecto protector que los dientes. Se llevarán y consagrarán tal como hemos indicado para estos últimos.

El falo es el símbolo de la vida, en perpetua lucha contra los poderes de destrucción y de muerte. Es un símbolo solar al que los antiguos no atribuían un sentido obsceno. Signo pagano, fue conservado bajo nuevas formas para satisfacer las exigencias de la moral cristiana. La madera en la que tocamos para «conjurar la mala suerte» no es más que un recuerdo de la protección fálica. Por ello, un collar o una pulsera que lleven el símbolo fálico se convierten en protección eficaz.

Las medallas y los talismanes de defensa son también excelentes medios para protegerse contra los hechizos y para facilitar el deshechizo cuando el maleficio todavía está en curso. Gracias a las medallas y a los talismanes se puede anular la acción del hechicero y eliminar lentamente su influencia psíquica, liberándose de su dominio.

Las medallas de san Benito, de la Virgen y de santa Filomena son las más recomendadas por los ocultistas. La de san Benito presenta la imagen de la cruz y, en el reverso, la efigie del santo que luchó con eficacia contra los demonios. Las inscripciones grabadas en ella son frases destinadas a ahuyentar a los malos espíritus.

Esta medalla constituye, en el sentido mágico del término, un verdadero pentáculo. A este respecto, debemos prevenir al lector contra los amuletos de la suerte fabricados industrialmente y destinados a alimentar supersticiones banales.

El pentáculo, en cambio, ha sido creado de acuerdo con las leyes de la magia y, por ese motivo, resulta especialmente eficaz. El pentáculo más activo debe ser fabricado por un ocultista y llevar los símbolos planetarios tradicionales. Su elaboración exige el conocimiento gráfico de símbolos bastante complejos.

Resulta mucho más cómodo utilizar un pentáculo, por así decirlo «impersonal», cuya realización está al alcance de todos. Su eficacia no será absoluta, pero en la mayoría de los casos será suficiente y mucho más fácil de obtener. He aquí las dos caras de un pentáculo eficaz atribuido a Paracelso:

Para darle fuerza, debemos escoger el día y la hora de su creación de acuerdo con el método indicado en el capítulo siguiente, dedicado a los contrahechizos. Además, será necesario respetar las siguientes condiciones rituales:

«Tomar un pergamino virgen rociado con agua bendita y pasarlo por el humo del incienso. En el día y en la hora señalados, inscribir los caracteres con tinta china obtenida disolviendo una carga de tinta en agua bendita. Antes de utilizarla, pasar la pluma nueva por el humo del incienso».

El pentáculo deberá llevarse siempre en una bolsita de seda o lino, atada con un cordoncillo del mismo material, alrededor del cuello o en la cintura, a la altura del plexo.

El pentáculo dibujado será consagrado tal como hemos indicado. Algunos piensan reforzar su poder utilizando colores planetarios, pero Galcián no dice nada al respecto. No complicaremos nuestra técnica con este elemento adicional, que no es indispensable para el éxito.

Quienes deseen hacerlo deberán recordar que los colores empleados han de ser naturales, nunca químicos. Precisamente, la dificultad de encontrar colores naturales es lo que nos ha llevado a evitar este detalle, que sólo refuerza ligeramente la acción del pentáculo, pero no constituye una condición necesaria.

La protección también puede asegurarse mediante un talismán, mucho más fácil de confeccionar que un pentáculo y casi igual de eficaz, aunque no haya sido preparado según las reglas de la magia talismánica.

La característica esencial del talismán es atraer una influencia benéfica, mientras que el amuleto se limita a apartar una amenaza, siempre que haya sido confeccionado mediante un ritual, cosa que en la práctica sucede muy raras veces.

Es fácil sonreír al abordar el tema de la talismania y considerarla una superstición elemental. Por eso consideramos necesario exponer el pensamiento que anima la creación talismánica –Robert Ambelain publicó un compendio sobre este tema con el título *La talismania práctica*.

Una vez más, nos mantendremos imparciales y nos limitaremos a exponer los hechos y los elementos de una tradición.

El principio directivo de la talismania es el siguiente: a lo largo de su vida, un individuo dispone de un cierto número de posibilidades. Para aumentar estas posibilidades, se recurre a las de un tercero. No se trata de crear, sino de transferir.

Conviene precisar que este concepto no implica un determinismo estrecho. No prejuzga el período ni las condiciones de la vida durante las cuales se presentan las oportunidades; sólo presupone que cada individuo dispone de una porción de suerte para utilizar a lo largo de su existencia. La talismania permite aumentar de forma excepcional esa porción, quizá en detrimento de otro ser, lo cual podría resultar peligroso, pero, sobre todo y por regla general, permite orientar fuerzas benéficas y utilizarlas en el tiempo y el espacio a favor de los propios intereses.

La talismania honesta exige al sujeto que pague de buen grado la felicidad que de ella deriva, consintiendo un sacrificio libre en otro plano.

La talismania con fines maléficos actúa disminuyendo mágicamente la parte de suerte de un tercero en beneficio del sujeto. En resumen, realiza un hechizo triangular.

El talismanista imprudente que se haya entregado a este tipo de experiencias puede resultar perjudicado por el efecto *boomerang* y verse obligado a pagar por las ventajas obtenidas para aquel a quien protege.

Antes de entrar en la práctica talismánica, conviene exponer su doctrina. La imagen nace del pensamiento en estado puro y es el único medio del que disponemos para dar forma concreta a los conocimientos humanos.

Existe un alfabeto simbólico que permite conocer, en el plano mágico, la arquitectura de las imágenes. Este alfabeto fue creado por el hombre y se halla sometido a la gran ley de la analogía que rige el universo. He aquí los principales elementos de este alfabeto:

La cruz expresa la idea de resplandor. Es anterior al cristianismo. Es la imagen doble de la destrucción y de la creación, y quien rompe, corta o dobla un papel forma una cruz. La cruz es el símbolo de la luz que crea o del fuego que destruye.

Esotéricamente, el pentagrama expresa la idea del conocimiento y de la sabiduría. Representa la imagen del hombre que aparta los muros que lo aprisionan e impiden su acceso al saber. Representa, por tanto, el deseo y el saber, la sabiduría y el amor. Encontramos el pentagrama cuando cortamos una manzana, y no hay que olvidar que esta fruta procede del árbol del conocimiento del bien y del mal.

El hexagrama, o estrella de seis puntas que forma el sello de Salomón, expresa la creencia en una vida futura y el conocimiento de que los hombres no son más que eslabones de una inmensa cadena que conduce a una vida espiritual superior. Evoca también la noción de equilibrio y de ley inexorable.

La combinación de las formas elementales –el triángulo y el círculo– con estos signos –que, en cierto modo, ya son sílabas– permite expresar numerosos pensamientos.

No profundizaremos más en el estudio de los talismanes, pero nos ha parecido útil resumir sus principios básicos que, como puede verse, van mucho más allá de una simple superstición y se hunden en las fuentes del conocimiento tradicional.

Todo vive y vibra en función de la vida planetaria. Las mujeres se hallan sometidas al ritmo de la Luna. Los vegetales experimentan las fases del Sol y algunos son sensibles también a las fases lunares.

Este último punto, a menudo puesto en duda por ciegos adeptos de la ciencia experimental, ha sido confirmado en un laboratorio norteamericano por un científico honesto, concienzudo y de conducta intachable.

Si es cierto que el talismán actúa por transferencia (volveremos sobre ello), también lo es que, a veces, actúa por autosugestión.

Y tampoco es menos cierto que el talismán es en sí mismo un condensador de fuerza cuya energía puede ser utilizada por el ser humano para protegerse.

Existen talismanes generales, de influencia limitada, establecidos en función de la fecha de nacimiento. Todos los tratados de astrología los mencionan.

Nosotros recordaremos aquí, a título indicativo, algunos elementos:

ARIES: anillo de hierro forjado, adornado con rubíes o granates.

TAURO: esmeralda, zafiro, berilo y cornalina naranja.

GÉMINIS: ágata, topacio, jaspe.

CÁNCER: sardónica, piedra de luna.

LEO: oro.

VIRGO: ágata amarilla y topacio.

LIBRA: esmeralda y diamante.

ESCORPIO: sardónica, hierro, rubí.

SAGITARIO: estaño, turquesa.

CAPRICORNIO: azabache, ónice, plomo.

ACUARIO: turquesa, plomo.

PISCIS: crisolita y amatista.

Si realmente deseamos utilizar talismanes eficaces, deberemos tener en cuenta los decanatos. No sólo elegiremos una piedra protectora, sino un talismán verdaderamente específico del decanato en el que hayamos nacido.

Sabemos que cada signo está dividido en tres decanatos, con una duración real de diez días, que se hallan regidos por una influencia planetaria distinta.

Recordemos rápidamente la enumeración de los decanatos:

ARIES: Júpiter-Venus-Mercurio.

TAURO: Venus-Venus-Marte.

GÉMINIS: Júpiter-Marte-Mercurio.

CÁNCER: Marte-Venus-Mercurio.

LEO: Venus-Venus-Marte.

VIRGO: Júpiter-Marte-Mercurio.

LIBRA: Venus-Júpiter-Mercurio.

ESCORPIO: Venus-Mercurio-Marte.

SAGITARIO: Venus-Sol-Júpiter.

CAPRICORNIO: Venus-Júpiter-Júpiter.

ACUARIO: Júpiter-Sol-Júpiter.

PISCIS: Júpiter-Luna-Marte.

Llevar un talismán siempre resultará muy útil, pero lo será aún más si no se lleva simplemente por meras resonancias astrológicas, sino con la intención precisa de favorecer una determinada acción. En materia de hechizos, el talismán que debe utilizarse es el de Marte. El mejor momento para prepararlo es cuando los signos de Marte, Aries o Escorpio, atraviesan el horizonte o cuando el Sol se halla en uno de estos dos signos.

También podremos elegir un día, un decanato y una hora de Marte. El hierro será el metal elegido y, si el talismán está hecho de una materia inerte como, por ejemplo, el cartón, deberemos pintarlo de color rojo. Dibujaremos el signo de Marte y, si es posible, escribiremos los nombres de los genios marcianos.

Para terminar, señalaremos que una misma persona puede llevar varios talismanes al mismo tiempo: por ejemplo, uno de Marte para protegerse de los hechizos y uno de Venus para obtener amor o conservarlo, etcétera.

Pero insistir sobre este tema nos obligaría a exponer los detalles de la técnica de la talismania, lo cual, realmente, no es nuestro objetivo. Sin embargo, ya disponéis de datos suficientes como para utilizar la talismania como protección contra los hechizos. Esta breve exposición no tenía otro propósito.

Ahora estáis en posesión de una disciplina psíquica que os permite luchar con éxito contra el enemigo. Disponéis de medios prácticos para no sucumbir a su influencia y tenéis las bases para protegeros por la vía talismánica. Si os atacan, podréis defenderos o protegeros contra este ataque.

Todo esto constituye lo esencial de la técnica del deshechizo.

En el capítulo siguiente estudiaremos las técnicas activas de contrahechizo. Sin embargo, antes de hacerlo, convendrá explicar un ritual elemental de defensa, tan útil para el deshechizador como para el contrahechizador, puesto que la actividad de ambos operadores se halla muy vinculada y muchas veces se superpone en su forma de actuar.

Ritual de defensa para uso de los deshechizadores

La tradición ha conservado un cierto número de textos cuyo valor protector ha sido reconocido como algo real. El poder del verbo es indiscutible. Existe un elemento mágico en la palabra, pues una palabra puede hacer tanto el bien como el mal: una injuria hiere en el sentido más profundo del término y una expresión desagradable o injusta puede hacernos sufrir mucho. Existen, por tanto, palabras benéficas y palabras nefastas.

Entre los textos benéficos, los que decimos que son «protectores» porque irradian fuerza espiritual, debemos citar en primer lugar el Evangelio según san Juan, cuyo primer capítulo posee, según los ocultistas, un poder muy especial.

Por ello, la tradición recomienda copiarlo sobre un pergamino virgen y llevarlo siempre encima.

El texto de este capítulo es el siguiente:

«En el principio era el Verbo, y el Verbo estaba en Dios, y el Verbo era Dios. En el principio estaba en Dios. Todas las cosas han sido creadas por él y nada de lo que fue creado fue creado sin él. En él estaba la vida y la vida era la luz de los hombres, y la luz brilla en las tinieblas y las tinieblas no la recibieron en absoluto.

»Hubo un hombre, enviado por Dios, cuyo nombre era Juan. Éste vino como testimonio para rendir homenaje a la luz.

»Él era la verdadera luz que ilumina a todo hombre que viene a este mundo. Estaba en el mundo y el mundo fue hecho por él, pero el mundo no lo reconoció. Fue a ver a los suyos, y los suyos no le recibieron. Pero a todos los que le recibieron les otorgó el poder de convertirse en hijos de Dios:

»A aquellos que creen en su nombre, que no han nacido de la sangre, ni de la voluntad de la carne, ni de la voluntad del hombre, sino de Dios mismo.

»Y EL VERBO SE HIZO CARNE y permaneció entre nosotros, y nosotros pudimos ver su gloria, la gloria del Hijo único del Padre, lleno de gracia y de verdad».

He aquí una oración, una invocación y una plegaria mágicas que deben recitarse mirando hacia oriente. La oración deberá decirse en silencio y recogimiento:

«Oh, Gran Dios viviente, en una sola y misma persona el Padre, el Hijo y el Espíritu Santo, te venero con el más profundo respeto y me pongo en tus manos con toda la fe y la confianza que me animan y me convencen de que eres mi creador, mi bienhechor, mi protector y mi maestro. No tengo más voluntad que la de convertirme en tu criatura por los siglos de los siglos.

»Oh, Gran Dios viviente, que hiciste al hombre para que fuese feliz en esta vida, que creaste todas las cosas para cubrir sus necesidades y dijiste: "El hombre será el dueño de este mundo". Protégeme y que tu benigna mirada se dirija hacia mí, tu criatura.

»No permitas que los espíritus rebeldes posean los bienes que han sido creados por ti para satisfacer mis necesidades.

»Proporcióname, oh Gran Dios, el poder de disponer de ellos a través de las palabras que nos has enseñado, oh tú, dispensador de todas las cosas:

»Adonay, Elohim, Ariel, Jehová, Agla, Tetragrámaton, sedme favorables. ¡Así sea!».

Después haremos una invocación en nuestro dormitorio. Sólo la formularemos tras haber perfumado la habitación con incienso quemado y, si nos es posible, pronunciaremos la oración acompañándonos de una simple tabla —no es necesario ningún instrumento musical— para marcar el compás, ya que ello facilitará considerablemente la concentración y la emisión del pensamiento.

«Te ofrezco este incienso como lo más puro que he podido encontrar, oh Gran Adonay, Elohim, Ariel y Jehová. Recíbelo como algo agradable, seme favorable y protégeme en todas mis empresas, pues necesito tu poder y sólo tú puedes ayudarme a alcanzar el éxito, porque eres mi Señor y el Señor de todas las cosas. ¡Así sea!».

Una vez terminada la oración, respiraremos profundamente el humo del incienso y pasaremos las manos, o mejor dicho las palmas, por el humo para que se impregnen bien de éste.

Entonces pronunciaremos la plegaria de protección. He aquí el texto:

«En el nombre del Padre, del Hijo y del Espíritu Santo, en el nombre de la Santa Trinidad, te invoco para que seas mi salvador y el protector de mi cuerpo y de mi alma, así como de todos mis bienes temporales y espirituales.

»Por la virtud de la santa cruz, por la de tu Pasión, te pido ayuda, Señor Jesucristo.

»Por la virtud de la Santísima Virgen María y por la de todos los santos que te rodean, recurro a ti para que me concedas la gracia y el poder de luchar contra los espíritus malignos, de triunfar sobre ellos y empujarlos hacia el abismo. Que mi voluntad se cumpla a través de la tuya, pues mi voluntad es tu voluntad, oh mi Dios.

»Santo, santo, santo es el Señor Dios, que vendrá a juzgar a los vivos y a los muertos.

»Eres Rey de Reyes y Señor de los Señores.

»*Joth, Aglanabrath, El Abiel, Anathi, Enathiel, Amazin, Sedames, Ayes, Tolima, Elias, Ischiros, Arganatos, Ymas, Heli, Messias*, te invoco y te suplico, a ti, Jesús, mi único maestro, por tu santo nacimiento, por tu bautismo y tu pasión, por tu ascensión a través del Espíritu Santo, por tus llagas y por tu sangre derramada sobre la cruz en remisión de nuestros pecados, por tu triple unidad, oh Señor, mi Dios, por los ángeles y los arcángeles, por los profetas y los patriarcas, por todos los sacramentos que has instituido, yo te rezo y te venero, oh mi Dios.

»Escucha mi plegaria y acude en mi ayuda, pues yo soy tu siervo.

»Que tus ángeles acudan en mi ayuda contra los poderes del mal para que pueda obedecer tu voz.

»*Adonay, Amay, Horta, Videgoram, Mitey, Hel, Surana, Ysyon, Y Svesi.*

»Que, guiados por ti, tus santos, tus ángeles y tus arcángeles acudan en mi ayuda, oh mi Dios, y me permitan conjurar a los demonios en tu nombre, este nombre sagrado que permitió a Salomón hacer retroceder los poderes del mal.

»*Ehl rocebam er agle goth joth othie venochrabat...* Y, a través de todas estas palabras y de todas tus virtudes, haz que estos poderes maléficos y estas fuerzas del inmundo abismo se alejen de mí.

»Haz que cesen de atormentarme, puesto que, por tu gracia, su esfuerzo resultará inútil, y haz que mi espíritu, al igual que mi cuerpo, escape a su influencia por Nuestro Señor Jesucristo, tu Hijo, que por los siglos de los siglos vivirá como tú, oh mi Dios, en tu santa Trinidad.

»Oh Padre Todopoderoso, en tres personas, protegiste a Adán y Eva después de su falta y, para borrar las huellas de este pecado, permitiste que tu Hijo muriese de una forma dolorosa e ignominiosa en la cruz.

»Oh Padre Todopoderoso, sólo tú puedes salvarme y, por ello, me encomiendo a ti.

»Señor misericordioso, que tu misericordia se extienda hasta mí.

»Te suplico por los santísimos nombres de tu Hijo, por el Alfa y el Omega, y por todos sus otros nombres divinos; te pido que me des tu fuerza y tu virtud para citar ante mí a los ángeles rebeldes que echaste del Cielo, y para que cumplan mis órdenes sin demora, respetando mi persona, mi alma y mis bienes.

»Soberano poder del Altísimo, cuando juzgas a tus criaturas, lo dispones todo con sabiduría y prudencia, pero condenas a los espíritus que se rebelan contra tu amor y tu divina majestad, y ello es justo, Señor, puesto que eres el Dios que está más allá de nosotros, dentro de nosotros y con nosotros...

»Señor, Dios de los Ejércitos y de todo lo que es, de todo lo que ha sido y de todo lo que será, yo te venero y te imploro con todas mis fuerzas.

»Mi invocación, mi plegaria y la consagración que he realizado para complacerte no poseen más fuerza que la que tú les quieras dar.

»Así pues, haz que los poderosos y maléficos espíritus, conjurados por tu poder universal y por tus sagrados nombres, se reúnan ante mí para cumplir mi voluntad. ¡Así sea!».

A esta plegaria, al final de la ceremonia y tras un breve silencio y una nueva emisión de incienso, podemos añadir las siguientes palabras, cuya eficacia ha sido reconocida con frecuencia:

«Señor, Gran Dios santo, poderoso e inmortal, socorre a tu indigno siervo y libérame del peligro de la muerte, tanto de mi alma como de mi cuerpo, así como de las pruebas que mis enemigos invisibles o visibles, conocidos o desconocidos, quieran imponerme.

»Jehová, Sabaoth, Emanuel, Sither, Tetragramaton, Omouzios, Eheye, Alfa y Omega, camino de la salvación y de la verdad, camino de la luz y de la paz, que tus venerados y santos nombres sean la fuente de mi salvación y me concedan tu protección, porque tú eres mi Señor y yo soy tu humilde siervo.

»Dijiste: "Éste es mi cuerpo". Di también: "Que me ame" y tu amor hará un milagro y asegurará la salvación de un alma, para que se deshaga el conjunto de fuerzas malignas desencadenadas contra mí, en el nombre del Padre, del Hijo y del Espíritu Santo. Así sea».

Al principio y al final de cada plegaria, así como entre el enunciado de cada uno de los nombres atribuidos a la divinidad, el celebrante se santiguará. No olvidará hacer el signo de la cruz de los magos, es decir, pasar la mano por todo su cuerpo, ya que el signo de la cruz es un gesto de gran valor protector.

El valor de este ritual ha podido ser comprobado en múltiples ocasiones. Resulta curioso observar que, una vez más, los antiguos textos transmitidos por Francisco Galcián, el monje español, así como por Sabazius, son muy similares. Tan sólo difieren en algunas palabras y ambos se ajustan claramente a las grandes leyes tradicionales del ritual.

Que el ritual de Sabazius sea original o haya sido corregido por algún eminente ocultista, sigue siendo, sin lugar a dudas, el mejor documento del que disponemos en Francia en materia de deshechizos y contrahechizos.

Antes de terminar con los rituales de defensa y de deshechizo, queremos dar a conocer una última plegaria, destinada a luchar contra el mal de ojo y los hechizos dirigidos a animales que, por desgracia, todavía se practican a menudo en medios rurales. Es un texto atribuido al abad Julio, citado oportunamente por M. C. Poinsot:

«Señor Dios Todopoderoso, que quisiste que Jesús, tu único Hijo, naciese en un establo y se acostase en un pesebre, entre dos animales, para demostrar así que eres el Señor de los hombres y de todo ser viviente, llamamos a Adonay, Elohim, Jehová, a tu santa protección en este establo, para que lo defiendas contra los poderes del mal, que a ti se someten aún a pesar de su malignidad…

»Señor Dios Todopoderoso, protege este establo contra todas las diabólicas artimañas de los perversos, para que los rebaños que lo habitan y que están destinados a habitarlo en el futuro encuentren reposo.

»El ganado sabe a quién pertenece y conoce su establo, del mismo modo que yo sé que te pertenezco y que mi casa es la tuya. Haz que esta casa y este establo sean bendecidos en tu santísimo Nombre.

»Así pues, protege a tu fiel siervo, tanto en su alma como en su cuerpo y en sus bienes, y que esta plegaria llegue hasta ti, oh santísimo y poderoso Señor, para que tu protección se extienda a este modesto establo y a los animales que en él se cobijan y que son uno de los bienes que me has dado.

»Que los animales que están o estarán en este establo reciban tu bendición, Señor, y que, mediante la intercesión de san Antonio, permanezcan sanos y salvos y libres de todo mal. Así sea».

Antes de terminar este capítulo, debemos añadir unas palabras sobre el exorcismo aplicado, como ya hemos indicado, en los pocos casos de posesión demoníaca.

Ya hemos explicado que cada diócesis dispone de un sacerdote exorcista, que actúa con muchísima prudencia cuando el médico se declara incompetente.

Algunos ocultistas conocen el poderoso ritual que utiliza la Iglesia romana. Nosotros también podríamos explicarlo, pero no lo haremos. Resulta evidente que el exorcista eclesiástico está mucho mejor preparado que cualquier otra persona para pronunciar las fórmulas de este ritual, desconocido para la mayoría de los fieles.

Por este mismo motivo, no existe razón alguna para exponerlo deliberadamente a una publicidad que, en cierto modo, conferiría un carácter laico a su sentido y, quizá, incluso podría disminuir su eficacia. Las palabras se desgastan con el uso y, cuando son demasiado leídas o pronunciadas, pierden fuerza.

Éste es el peligro que hemos tenido en cuenta al abstenernos de comunicar textos extraordinarios, pero demasiado extensos y que, para desplegar todo su valor, deben ser leídos por un sacerdote.

Que quede claro que esta afirmación no supone tomar postura en el terreno religioso. «Lo que es de cada uno, es de cada uno», dice un antiguo proverbio. Al psiquiatra le corresponde curar los trastornos mentales; al ocultista, luchar contra los hechizos; y al sacerdote, cuando lo considere necesario, le corresponde aplicar un ritual religioso destinado no a liberar de los hechizos, sino a liberar de los demonios a quienes han sido poseídos por una «fuerza del abismo».

Sin embargo, y a título informativo, podemos esbozar la mecánica general de la ceremonia.

El sacerdote comienza celebrando una misa y, después, le llevan a la persona poseída por el demonio. Entonces, el exorcista recita la letanía de los santos, varias fórmulas en latín y algunos salmos.

A continuación, realiza una invocación, lee ciertos textos de los Evangelios ante la persona poseída y empieza el exorcismo propiamente dicho, compuesto, en resumen, por numerosos textos bastante largos.

Vuelve a pronunciar algunas plegarias, seguidas de una acción de gracias y de una bendición. Después, los demonios son invitados a regresar a las regiones inferiores mediante otras fórmulas y plegarias.

Concluyamos señalando de nuevo que sería un error muy grave pretender utilizar, como laicos, el ritual de la Iglesia.

Este ritual está ligado a todo un sistema de fórmulas y de fe propias de la ortodoxia romana, muy alejadas del pensamiento que anima a quienes practican las ciencias ocultas o tradicionales. Aunque actuasen de buena fe, les resultaría imposible pronunciar ciertas invocaciones. La ceremonia perdería así todo su valor y no sería más que una parodia, carente de verdadero contenido espiritual.

Capítulo VII

LOS CONTRAHECHIZOS

Hasta ahora hemos estudiado los procedimientos que constituyen lo que podríamos llamar la «profilaxis del hechizo» y, después, aquellos cuyo objetivo era anular los efectos de un hechizo en curso y de una operación de débil poder psíquico, contra la cual el clima espiritual y la educación de la voluntad, reforzadas por un ritual elemental, resultaban muy eficaces.

Al conjunto de estas técnicas lo hemos designado con el término «deshechizo».

Ahora vamos a pasar a la última parte de nuestra obra, dedicada propiamente a los contrahechizos. Nuestro propósito es exponer, por una parte, un cierto número de dispositivos tradicionales cuya eficacia ha sido reconocida para neutralizar y disolver, por medios materiales, las fuerzas psíquicas dirigidas contra una persona.[1]

Por otra parte, y más allá de los medios materiales, daremos a conocer el ritual general del contrahechizo y, también, sus condiciones tradicionales de aplicación eficaz.

---

1. Debemos señalar que, en lo que se refiere al hechizo por cadena mágica, la víctima de dicha operación dispone de un excelente medio para liberarse de ésta formando una contracadena, siguiendo el procedimiento anteriormente descrito.

Las primeras armas de defensa de las que disponen los contrahechiceros se basan en medios físicos, entre los cuales, los más importantes son los derivadores. Por ello, dividiremos la primera parte de este capítulo en dos apartados:

1. Los medios
2. Los principios

Los medios

a) Los derivadores

El agua es el principal derivador: no sólo es un derivador natural, sino también un gran derivador mágico.

El agua disuelve la mayoría de los productos y, según la tradición analógica, disuelve también las fuerzas negativas.

El agua borra los pecados en la mayoría de religiones que incluyen, de una u otra forma, un ritual de ablución.

Este ritual aparece tanto entre los pueblos primitivos como en los cultos de la Antigüedad pagana. Los musulmanes practicantes realizan abluciones diarias y los cristianos son purificados, por medio del bautismo, de los vestigios del pecado original. Por regla general, el agua actúa como acumulador de fuerza y puede servir de vehículo tanto a las fuerzas del bien como a las del mal.

Por ello, el hechizado siempre debe tener agua cerca de él. Conservará el líquido en un recipiente de barro y cambiará su contenido por la mañana y por la noche.

La persona sometida a influencias maléficas estará protegida por el agua, que recogerá los efluvios psíquicos impuros dirigidos contra ella. Así, el líquido quedará inutilizable después de cierto tiempo. Si utilizamos una imagen tomada del lenguaje de la ciencia experimental, podríamos decir que el vaso se cargará como un acumulador que ha alcanzado su capacidad máxima. Ya no podrá cargarse más de corriente.

El agua ordinaria puede utilizarse siempre que esté limpia. Resulta evidente que el agua bendita es mucho más recomendable, puesto que ha sido, si no químicamente, al menos sí mágicamente transformada por el gesto del sacerdote que la ha bendecido.

Echaremos un poco de sal y un puñado de incienso en el recipiente. Después diremos la siguiente plegaria:

«Que, con la ayuda de Dios, soberano maestro, esta inocente criatura, que es su más fiel servidora, sea protegida contra cualquier ataque del enemigo.

»Que se convierta en fuente de vida, en agua purificadora y en fuente de pureza, para que todos aquellos que se laven en este baño de salvación reciban, a través del Espíritu Santo y gracias a la intercesión de todos los santos, la gracia de una perfecta pureza.

»Así, yo te bendigo, criatura del agua, por el Dios viviente, santo y verdadero, por el Dios en tres personas, que desde el principio del mundo te separó de la tierra por su palabra y puso en ti su espíritu.

»Te bendigo en nombre de aquel que te hizo brotar de la fuente del Paraíso y te dividió en cuatro ríos, ordenándote regar toda la Tierra.

»Te bendigo por aquel que, en el desierto, suavizando tu amargura, te volvió potable e hizo que brotaras de una roca para calmar la sed de su pueblo sediento.

»Te bendigo por Nuestro Señor Jesucristo, Hijo único de Dios, quien, en Caná de Galilea, te transformó en vino por un milagro de todo su poder.

»Te bendigo por aquel que caminó sobre ti sin mojarse y fue bautizado en ti por Juan en el Jordán, aquel que te hizo brotar de su costado, junto con la sangre. Así sea».

El carbón de leña es un producto con grandes cualidades de absorción que se utiliza en numerosas industrias, así como en laboratorios, para destruir gases peligrosos. La tradición mágica le atribuye una influencia semejante en relación con la destrucción de los fluidos errantes, y puede usarse como derivador.

Colocaremos, pues, carbón de leña en la vivienda del hechizado. Esta materia se repartirá en pequeñas cantidades en copelas situadas en todas las habitaciones de la casa, sobre todo en el vestíbulo, cerca de la puerta de entrada, en el dormitorio, cerca de la cama, y bajo los muebles, en los lugares oscuros. De este modo, el derivador no será visible y se encontrará en las mejores condiciones de utilización.

En efecto, el umbral de una casa es un lugar simbólico, cargado de significado mágico. Basta recordar su importancia en el ritual matrimonial, no sólo fuera de Europa, sino también en Francia y en otros muchos países, donde la recién casada debe cruzar el umbral en brazos de su marido, para que éste la libere de los ataques de las fuerzas negativas procedentes del exterior.

En cuanto al dormitorio, recordemos que no todos los hechiceros saben calcular la hora planetaria susceptible de conceder a su práctica abominable un máximo de eficacia. Por ello, la mayoría actúan de noche, cuando su víctima duerme y se vuelve más vulnerable, ya que durante el sueño su cuerpo astral manifiesta una plasticidad mucho mayor.

El carbón puede conservarse durante una semana. Después deberá quemarse o, si no disponemos de medios para ello, se tirará al río. El fuego y el agua, repetimos, son excelentes purificadores.

Las puntas constituyen un tercer medio de derivación, cuya eficacia es superior a la de los dos descritos anteriormente.

Sabemos que el principio de la punta se utiliza en la vida cotidiana para proteger los edificios de los rayos. El pararrayos no es más que una punta metálica conectada con la tierra.

Las puntas mágicas pueden adoptar diversas apariencias. Podemos utilizar un simple clavo fijado en la extremidad de un palo, o armas tales como puñales y hojas puntiagudas. También se pueden emplear algunos puñales sagrados de tribus indígenas, que hayan recibido fuerza gracias al ritual de consagración. Sin embargo, como es natural, deberemos asegurarnos de la finalidad para la que se usaron en la tribu de procedencia.

Si podemos fabricar nosotros mismos el cuchillo, tanto mejor, pues de ese modo tendremos la seguridad de que la hoja es totalmente nueva y jamás ha sido utilizada con fines maléficos.

Preferentemente, el mango será de color blanco. Lo consagraremos con incienso y rezaremos con fervor para que las fuerzas invisibles acudan en nuestra ayuda y aumenten sus efectos.

Aunque la consagración añade mucha fuerza al derivador, incluso sin ella conservará igualmente sus cualidades.

Colocaremos las puntas en el apartamento del mismo modo que indicamos para el carbón de leña.

Tomaremos las disposiciones necesarias para que todas las puntas queden situadas en posición vertical. Si se trata de puñales o cuchillos, la hoja deberá apuntar hacia arriba, y si utilizamos simples clavos, la punta de éstos deberá dirigirse hacia el techo.

Si utilizamos cuchillos, nos limitaremos a consagrar uno de ellos. Los demás se beneficiarán de la consagración colectiva. El cuchillo elegido para la consagración individual se clavará durante la noche en la cabecera de la cama y, durante el día, su propietario no se separará jamás de él. Lo llevará en una vaina cuya funda, a ser posible, habrá confeccionado él mismo, lo que contribuirá a impregnar aún más la hoja.

Cuando la víctima presienta que su enemigo la ataca, deberá empuñar el cuchillo y trazar con él el signo de la cruz alrededor de todo su cuerpo.

Entonces, el hechicero corre un peligro grave. Aquí alcanzamos un límite que no deseamos sobrepasar, ya que podría tratarse de un contrahechizo en el sentido más extremo del término.

El efecto *boomerang* podría volverse contra el hechicero e incluso causarle la muerte, aunque esto no sucede con frecuencia, porque las fuerzas psíquicas tardan cierto tiempo en propagarse y no es habitual que el receptor las perciba en el mismo instante en que han sido emitidas.

Además, si el hechicero es un profesional, habrá recurrido al método de protección triangular.

Pero sus esfuerzos serán vanos. Las fuerzas negativas emitidas por él serán repelidas y, si ha tenido la prudencia de derivarlas, su «víctima» tampoco escapará.

Otro derivador poderoso es el formado por un dispositivo muy parecido al de la jaula de Faraday. La cama en la que duerma la persona víctima del hechizo deberá estar rodeada por una red de hilos metálicos. La extremidad de la red deberá entrar en contacto con una cubeta llena de agua o con el suelo, del mismo modo que las tomas de tierra de un aparato de radio. De esta forma, quien se encuentre en la cama puede permanecer aislado y protegido.

Evidentemente, se podría sonreír con condescendencia ante un método de este tipo, que a primera vista parece una caricatura de los métodos científicos contemporáneos, y pretender que sus fuentes no proceden en absoluto de la tradición.

Pero esto también sería falso, pues las investigaciones recientes parecen demostrar que civilizaciones anteriores a la nuestra poseían conocimientos experimentales iguales o, a veces, incluso superiores a los nuestros.

Por otra parte, tampoco podemos asegurar que los primeros campesinos que hicieron instalar pararrayos en sus casas no fueran considerados en sus países como brujos o locos, ya que el ser humano siempre es víctima de las opiniones corrientes, es decir, de los acuerdos sociales que dominan su siglo y condicionan su formación psicológica individual.

Finalmente, nada impide que la magia utilice, por analogía, los descubrimientos de la ciencia experimental.

El autor desea recordar, una vez más, que se limita a citar métodos y exponer rituales que la práctica ha demostrado eficaces. Para lo demás, seguirán existiendo quienes crean en la magia y quienes no.

Pero, en realidad, todos los hombres creen en la magia. Bajo una u otra forma, es algo inherente a la naturaleza humana. Se manifiesta como brujería, magia rural, magia pseudocientífica, religión o magia política.

No pretendemos discutir aquí las alegrías y desgracias provocadas por la actividad sexual orgánica. Simplemente deseamos constatarlas, y lo mismo hacemos con los fenómenos mágicos. Éstos han contado, desde los orígenes del mundo, con un vasto público.

El autor, al dar a conocer toda una serie de técnicas y métodos prácticos, no pretende juzgarlos. Se limita a proporcionar una información imparcial y sólo intenta transmitir, en el plano oculto, la «verdad mágica».

Es el lector quien debe decidir y, antes de sonreír, quizá debería pensar en todas las fuerzas irracionales que gobiernan el mundo. Irracional no significa «estúpido», sino simplemente que no obedece a las frágiles leyes de la razón humana, edificadas lentamente y sin cesar puestas en duda.

Volvamos, sin embargo, a los derivadores y a las consideraciones prácticas que nos ocupan.

Las tablillas claveteadas constituyen un procedimiento descubierto hace mucho tiempo y aplicado con normalidad desde hace unos veinte años.

Se fabrican fácilmente clavando una serie de puntas en una tablilla de madera. El uso de conglomerado facilita mucho el trabajo. La tablilla no deberá superar los veinticinco centímetros. Clavaremos las puntas de manera que formen una especie de brocha metálica.

En cada punta visible en la superficie de la brocha haremos un nudo con hilo de latón o, mejor aún, de cobre rojo. El primer nudo se hará alrededor del primer clavo y deberá quedar bien firme.

Todos los clavos deberán estar unidos por esa cadena metálica. Dejaremos libre el hilo en su extremidad y lo hundiremos en el suelo a varios metros de profundidad o, si vivimos en la ciudad, haremos que, tras varias vueltas, penetre en un recipiente lleno de tierra que enterraremos, si es posible, en el suelo de una bodega para establecer un buen contacto con la tierra.

Colocaremos la «brocha», con las puntas al aire, bajo la cama o el sofá de la persona a la que queramos deshechizar.

Además, el dispositivo desempeñará otra función. Quien realiza el deshechizo corre el riesgo de cargarse con los fluidos negativos que la víctima pueda haber acumulado.

Por ello, presentará sus manos, con las palmas dirigidas hacia la superficie de las puntas, para descargarse de los efluvios nefastos.

Este procedimiento, de invención contemporánea en Europa, ya era conocido en Asia desde hace milenios.

Aún nos queda algo por decir de un derivador poderoso ya mencionado al hablar de los talismanes: los anillos. Más arriba hemos enumerado las piedras y sus correspondencias planetarias.

En realidad, los aros y anillos son volts de hechizo. Su forma circular, lo mismo que la de collares o pulseras de los pueblos primitivos, posee un gran significado mágico que los pueblos «salvajes» siguen respetando y que los pueblos «civilizados» han olvidado por completo.

En efecto, el círculo es un signo mágico de protección. Conviene recordar que los collares terapéuticos contemporáneos, que a menudo ofrecen excelentes resultados, deben su éxito no tanto a unas supuestas cualidades físicas o eléctricas, como a la fuerza mágica que emana de ellos de forma accesoria. Decimos «de forma accesoria» porque sus inventores no habían contado para nada con ello.

El aro matrimonial es un símbolo de unión, pero todavía más que eso: es signo de hechizo, soporte de magia amorosa y benéfica, pues el matrimonio supone el acuerdo de dos partes, al menos el día de la ceremonia.

Podemos asegurar que, en realidad, el aro matrimonial es un medio mágico bastante poderoso, ya que en muchos casos logra mantener la armonía entre dos seres tan opuestos como el hombre y la mujer.

Anteriormente, al tratar sobre la talismania, indicamos que la piedra protectora debe escogerse en función del planeta dominante en el tema natal del sujeto.

Debemos reconocer que no todos los autores están completamente de acuerdo acerca de las correspondencias de estas piedras y que las listas que proponen presentan ciertas variantes. En su tratado, Francisco Galcián nos ofrece una enumeración paralela a la de Sabazius. Considerando que ambos representan la verdad tradicional, nos hemos limitado a seguir sus opiniones.

Así, la piedra de Saturno será el carbunclo; la de Júpiter, el berilo; la del Sol, el diamante; la de Marte, el rubí; la de Venus, la esmeralda; la de Mercurio, el topacio, y la de la Luna, el ópalo o piedra de luna.

Una tradición más reciente haría corresponder el zafiro claro a Urano y el ópalo a Neptuno.

La piedra que nos corresponda deberá montarse en un anillo de oro, en cuyo interior grabaremos la siguiente inscripción:

Una vez terminado el anillo, deberemos pasarlo siete veces por el humo del incienso, recitando esta consagración:

«Te exorcizo, criatura de Dios, aro que perteneció a Salomón y fue bendecido por él. Yo te bendigo (aquí debemos hacer el signo de la cruz con el anillo), por Jesucristo, Hijo de Dios; yo consagro tu forma y tu aspecto para cualquiera de los cometidos a los que estás destinado y para que, al igual que el Arca de la Alianza del Antiguo Testamento, que se sostenía en aros de oro, puedas servirme para adquirir la verdadera ciencia que me permitirá descubrir a los espíritus malignos, conjurarlos y dominarlos a través de los exorcismos.

»Puedas tú, oh anillo, por tu virtud dirigida contra el adversario, reprimir el poder insolente de los malos espíritus, de modo que a todas las preguntas que yo les plantee se vean obligados a responderme con fidelidad, a hacerme ver la verdad y a ayudarme a acceder a la sabiduría, que es la del Señor, nuestro Dios.

»Yo te conjuro, oh criatura de Dios, cuya forma es el símbolo de la verdad y de la ciencia infinita, por todas las partes del universo y por el tetragrama divino inscrito en tu interior; te suplico que me permitas recibir la influencia de Jesucristo en todas sus formas, para que todos los espíritus que te hayan visto se llenen de miedo y de temor y que, asustados ante la poderosa virtud de un nombre tres veces bendito, obedezcan inmediatamente y en todo al divino Maestro, y que, sometidos a su poder, jamás dejen de propagar la verdad.

»Que Dios haga, oh anillo, que poseas esta virtud y esta fuerza. Amén».

Entonces deberemos ponernos el anillo consagrado en el dedo, y conservarlo puesto día y noche, sin deshacernos de él ni un solo instante.

Todavía me gustaría añadir algo más sobre los perfumes que combaten las influencias nefastas. El sándalo, el almizcle, el benjuí y la mirra pueden utilizarse al mismo tiempo que el incienso litúrgico o que el incienso puro.

Evidentemente, estos perfumes también pueden emplearse sobre el cuerpo, pero siempre deberán ser perfumes naturales y no esencias químicas, cuya eficacia mágica es totalmente nula.

También pueden utilizarse perfumes obtenidos de plantas que deberemos recoger nosotros mismos, adoptando las siguientes precauciones:

Recogeremos las plantas el séptimo día de la Luna Nueva del mes de floración. Antes de cogerlas, las tocaremos tres veces y las arrancaremos de noche, sosteniendo un espejo encima de ellas con el fin de reflejar analógicamente sobre ellas sus emanaciones y reforzar su poder. Después las limpiaremos y las dejaremos macerar en alcohol. Podremos utilizarlas como perfume protector pasado un mes.

En el capítulo correspondiente a los hechizos ya hablamos de las operaciones triangulares que tienen como objeto proteger al hechicero, desviando la corriente mágica en caso de que pueda volver de nuevo hacia él.

Encontramos la idea directriz de esta operación en la técnica de la transmisión mágica, que dará fin a nuestro informe sobre los métodos del contrahechizo.

La transmisión tiene por objeto derivar las fuerzas negativas y dirigirlas hacia una nueva dirección, con el fin de evitar que lleguen a la persona a la que estaban destinadas.

No se trata de un método de combate cuyo fin sería provocar un efecto *boomerang* en el hechicero, sino de una técnica de defensa, en cierto modo profiláctica.

Del mismo modo que un médico inocula a un animal una enfermedad del hombre para cultivarla en su sangre y preparar después un suero, el ocultista orienta hacia un animal o una planta sensible las fuerzas negativas desencadenadas por la magia negra, con el fin de aniquilarlas o, al menos, disminuir sus efectos.

Las fuerzas mágicas poseen una esencia espiritual, pero son contingentes a la naturaleza humana y, por ello, su acción se halla sometida a las grandes leyes cósmicas de propagación que rigen también a las fuerzas materiales.

Así pues, el operador elegirá una planta o un animal sensible. Si se trata de un animal, utilizará uno de aquellos que se emplean para los volts: la tortuga, el lagarto, la serpiente, el sapo o, sencillamente, un huevo no fecundado.

Las fuerzas negativas se atraerán mediante la imposición de las manos sobre el animal o la planta, acompañada de una intensa emisión de pensamiento voluntario cuyo objetivo será derivar dichas fuerzas. Esta operación se repetirá durante unos diez minutos cada día y durante diez días. El animal se colocará en una jaula de cristal y la imposición se realizará por encima de su cuerpo, introduciendo las manos en la jaula para evitar la separación que forma el cristal.

Deberemos alimentar al animal mientras dure la experiencia. Si el operador tiene éxito, el animal morirá al final de la transmisión.

Si utilizamos una planta, elegiremos una especie endeble, de flores frágiles (rosa, violeta, etcétera).

Necesitaremos dos tiestos y en ambos cultivaremos plantas de la misma especie y en el mismo punto de crecimiento.

La imposición se realizará tal como se ha descrito, pero sobre una sola planta y tres veces al día.

Una vez terminada la imposición, arrancaremos algunas hojas o algunas flores de la otra planta, con el fin de provocar un desbloqueo magnético.

La planta impregnada, colocada en un tiesto o directamente en la tierra, morirá pronto, y la operación se considerará un éxito.

Los pueblos negros utilizan con frecuencia y gran eficacia este procedimiento de transferencia.

Existen otras formas de transferencia cuya eficacia ha sido ampliamente reconocida, pero cuya práctica puede resultar extremadamente peligrosa.

Los procedimientos que hemos descrito hasta ahora tienen por objeto anular el esfuerzo del hechicero, bien protegiendo al que sufre el hechizo, bien liberándolo de las corrientes negativas destinadas a él, dirigiéndolas hacia otro punto.

Con estos procedimientos no se pretende actuar directamente sobre la persona del hechicero, pero existen otros cuyo objetivo es atacarle de forma directa.

Por tanto, es fácil comprender el peligro que pueden entrañar, y no sólo desde el punto de vista moral —nadie posee el derecho de responder al mal con el mal—, sino también físico.

Cuando hacemos sonar un diapasón en el interior de un cofre vacío, se produce un fenómeno de resonancia y, en cierto modo, el sonido se amplifica. La persona que recurre a procedimientos mágicos como forma de lucha corre el riesgo de devolver al hechicero esas fuerzas negativas, pero éste suele ser más poderoso que los demás y conoce cómo protegerse; a su vez, reenviará esas fuerzas, ya multiplicadas, contra el protector, que sufrirá las consecuencias de manera inmediata.

Dado que nuestro cometido es exponer todo lo que se refiere a los hechizos, vamos a indicar el principio de dos métodos de transferencia sobre fotografía y sobre cera, pero no revelaremos los rituales por si, a pesar de nuestras recomendaciones, algún lector imprudente sintiera la tentación de utilizarlos. Repetimos una vez más que, sin ritual, estos métodos de transferencia pueden resultar muy peligrosos para quien los usa y totalmente ineficaces para proteger a la persona víctima del hechizo.

Una vez tomadas estas precauciones, he aquí la técnica de estas transferencias.

La transferencia sobre una fotografía se practica pasando la foto del hechizado por el humo del incienso, a horas determinadas y pronunciando ciertas plegarias y ciertos conjuros. Después, el cliché que representa al hechicero será objeto de una execración.

La transferencia con cera se basa en la misma idea, aunque remonta a una técnica más antigua. La muñeca con la efigie del hechizado se pasa por el incienso y se rodea de talismanes protectores, mientras que otra estatuilla, que representa al hechicero, es objeto de diversas execraciones destinadas a someterlo al primero.

No es necesario insistir de nuevo en el grave peligro que puede suponer el uso de una técnica que desencadena poderosas fuerzas mágicas, muy difíciles de controlar, ya que el contrahechicero nunca puede estar completamente seguro de ser más fuerte que su adversario. Corre así el riesgo de sufrir el efecto *boomerang* y de recibir, además de las fuerzas desencadenadas por él mismo de manera imprudente, las fuerzas fulminantes animadas por su enemigo.

Los principios y el ritual general

Una vez terminado nuestro estudio de los medios, pasemos a examinar los principios y el ritual general.

Este ritual tiene por objeto no sólo asegurar el resultado, sino también reforzar la protección que necesita el contrahechicero.

Anteriormente ya hemos hablado del valor moral de estas personas e insistido en que, en principio, el mago blanco se halla protegido contra los ataques del mago negro. Entonces, ¿por qué tomar ahora tantas precauciones?

Esta pregunta merece ser estudiada en profundidad y nos obliga a volver atrás y a formular algunas precisiones relacionadas con la actividad de los hechiceros. Resulta muy poco frecuente, ya lo dijimos anteriormente, que el hechicero sea lo bastante poderoso como para ser capaz de ejercer directamente todo su poder de acción a distancia.

Por ello, para facilitar su trabajo, siempre suele utilizar intermediarios, es decir, objetos que carga con su fuerza como, por ejemplo, las *dagydes*.

Pero la utilización de un objeto no es suficiente para asegurar el éxito. Así pues, el operador recurre a las fuerzas exteriores a él –o que él considera exteriores, pero que hace surgir de su inconsciente; éste no es el momento de discutir sobre ello– con el fin de aumentar la intensidad de su propia corriente de fuerza psíquica. Esto es lo que la tradición denomina invocación de los «seres del abismo».

Aunque ciertamente estamos hablando de magia, nuestro objetivo sigue siendo el de intentar verlo todo claro. No es necesario creer en la existencia de genios para admitir la utilidad práctica de las invocaciones.

Tomemos un punto de comparación en el ámbito espiritual, como el de Lourdes, por ejemplo. Allí se realizan auténticas curaciones, esto es indiscutible. El creyente las atribuye a la intervención personal de la Virgen María. El incrédulo las verifica y, después, las atribuye a la concentración de plegarias en un mismo lugar.

Según el incrédulo, el enfermo, sensible a la fuerza psíquica concentrada alrededor de la basílica, recibe el benéfico efecto *boomerang* y consigue curarse. Nosotros no tenemos por qué tomar partido alguno, sino que nos limitaremos a constatar que no existe otra interpretación más que la de las dos hipótesis que venimos de exponer.

Por otro lado, hoy en día, ni creyentes ni ateos se atreverían a negar la benéfica influencia de la plegaria, tanto desde un punto de vista orgánico como psicológico. Las investigaciones del profesor Carrel sobre este tema son concluyentes. La plegaria es una fuerza que atrae otras fuerzas benéficas.

Incluso podríamos llegar a ampliar este pensamiento y, considerando que el hombre es un animal que reza, asegurar que la plegaria también puede ser laica… y dar buenos resultados. ¡Tantos miembros de partidos políticos organizados poseen un código, un ritual o una fe social de donde sacan sus fuerzas!

Pero volvamos a nuestro tema. El hombre o el grupo de hombres que rezan atraen hacia ellos elementos de fuerza benéfica. Así pues, para conseguir la salvación, no siempre se trata de creer en Dios de forma ortodoxa. La plegaria y la práctica de una disciplina también nos aportan un bienestar psíquico.

«Lo que está arriba es igual a lo que está abajo», dice la ley oculta. Lo que sirve para llamar a las fuerzas espirituales también puede ser utilizado para aprovecharse de los poderes inferiores. He aquí por qué, existan o no, el principio de invocación de los seres del abismo resulta eficaz e incluso peligroso, puesto que pone de manifiesto la magia negra.

Por ello, a menudo resulta necesario responder a un ataque con un contraataque y asegurar al contrahechicero, más allá de los medios de «protecciones técnicas corrientes», un poder de acción suplementario cuya fuerza procede de un ritual general y de condiciones tradicionales de aplicación susceptibles de asegurar a su esfuerzo un máximo de rendimiento.

Esto se trata de magia benéfica y, en este ámbito, no tenemos por qué mostrar ninguna reserva. Al contrario, nos consideramos en la obligación de dar a conocer a nuestros lectores toda una serie de secretos ignorados por la gran mayoría.

Condiciones tradicionales de las ceremonias de contrahechizo

El contrahechicero deberá trabajar en las mejores condiciones, eligiendo el día de su actuación de acuerdo con las leyes de la tradición. El calendario del monje Galcián recomienda los siguientes días.

Días favorables para el contrahechizo:

ENERO: 19, 27, 31.

FEBRERO: 7, 8, 18.

MARZO: 3, 12, 14, 16.

ABRIL: 5, 8, 27.

MAYO: 1, 2, 6, 9, 14.

JUNIO: 3, 7, 12, 14.

JULIO: 6, 10, 23, 30.

AGOSTO: 5, 10, 14, 19.

SEPTIEMBRE: 6, 13, 18, 30.

OCTUBRE: 13, 16, 23, 31.

NOVIEMBRE: 3, 13, 23.

DICIEMBRE: 10, 20, 29.

Los demás días no son tan favorables y algunos resultan incluso totalmente desaconsejables. Por ejemplo, el 13 y el 23 de enero; el 5, 13 y 27 de abril; el 15, 28 y 31 de diciembre. Pero no tenemos ninguna necesidad de confundiros con una interminable lista; bastará con que actuéis el primer día favorable de la nueva lunación elegida.

Aquellos de nuestros lectores que estén familiarizados con la astrología saben que todo ser humano se halla sometido a un planeta dominante.

Así pues, siguiendo el método clásico y, de acuerdo con el tema astral, podrán determinar las horas planetarias benéficas del sujeto.

Sin embargo, la onomancia ofrece un método que dispensa al operador de todo conocimiento astrológico. El operador escribe el nombre del padre, el de la madre y el del sujeto y los numera de acuerdo con la siguiente tabla:

A	B	C	D	E	F	G	H	I
1	2	3	4	5	6	7	8	9

y...

J K L M		N O		P	Q	R	S	T
10		40		60	70	80	90	100

U V W		X	Y	Z
200		300	400	500

La cifra total de la suma de los nombres deberá dividirse por nueve. El resto de la división, como es natural, deberá estar comprendido entre el 1 y el 9. El planeta que le corresponde al sujeto será determinado de la siguiente forma.

Si el número es 1 o 4: Sol
                 2 o 7: Luna
                 3:      Júpiter
                 5:      Mercurio
                 6:      Venus
                 8:      Saturno
                 9:      Marte

Ya sólo faltará determinar la hora favorable utilizando la tabla de la página anterior, que nos indicará la hora en la que, cada día, domina un planeta. Evidentemente, resultará recomendable que nos procuremos un calendario para conocer la hora de la salida del sol, que varía según las estaciones.

Ello no conlleva ninguna dificultad, puesto que incluso los calendarios más corrientes la mencionan. Bastará con seguir la tabla hasta el viernes.

Observaremos que la primera hora, es decir, la que precede a la salida del sol, el sábado está gobernada por Saturno y, el domingo, por el Sol. Seguiremos, además, el siguiente orden de las primeras horas:

        Lunes: LUNA
       Martes: MARTE
    Miércoles: MERCURIO
       Jueves: JÚPITER
      Viernes: VENUS

Al haber sido el día y la hora determinados en función de las leyes tradicionales, el contrahechicero, antes de utilizar las técnicas prácticas que os hemos enseñado, se someterá a las modalidades del siguiente ritual.

93

	SÁBADO			DOMINGO		
SATURNO	Hora del alba o 1.ª hora	8.ª hora	15.ª hora	22.ª hora	5.ª hora	12.ª hora
JÚPITER	2.ª hora	9.ª hora	16.ª hora	23.ª hora	6.ª hora	13.ª hora
MARTE	3.ª hora	10.ª hora	17.ª hora	24.ª hora	7.ª hora	14.ª hora
SOL	4.ª hora	11.ª hora	18.ª hora	1.ª hora	8.ª hora	15.ª hora
VENUS	5.ª hora	12.ª hora	19.ª hora	2.ª hora	9.ª hora	16.ª hora
MERCURIO	6.ª hora	13.ª hora	20.ª hora	3.ª hora	10.ª hora	17.ª hora
LUNA	7.ª hora	14.ª hora	21.ª hora	4.ª hora	11.ª hora	18.ª hora

Ritual general del contrahechizo

El operador actuará en una habitación en la que se encuentre completamente solo y deberá cerrarlo todo con el fin de ser molestado lo menos posible por los ruidos procedentes del exterior.

Después, se desnudará y, si es posible, se pondrá una túnica de lino blanco. Echará incienso en un quemador y pronunciará esta primera invocación:

«Oh vosotros que dormitáis, yo os conjuro para que me ayudéis con vuestros poderes en nombre del Dios clemente y misericordioso, del que sois, al igual que yo, sus servidores.

»Insignificantes criaturas, os invoco, poderosas fuerzas que, sin embargo, no sois nada ante Dios.

»A través de vosotros, en mi humildad, invoco a Dios, no para mí mismo, sino para... (aquí se debe repetir tres veces el nombre y apellido de aquel a quien se desee salvar, haciendo tres veces el signo de la cruz).

»Que Dios, por vuestra intercesión, ilumine en nuestros corazones el fuego de su santísimo y dulce amor, este fuego que, en nosotros, sus indignas criaturas, se alimenta como una ardiente brasa.

»Que nos proporcione una fe justa, una firme esperanza, un amor perfecto y todas las virtudes necesarias para temerle, así como la fuerza suficiente para poder obedecer sus divinos mandamientos. Ojalá pueda, oh Dios mío, ser purificado de todos mis pecados y ser recibido, en mi último día, por el ángel de paz que, a través de tu gracia, me protegerá contra el Demonio y me permitirá sentarme a tu derecha.

»Y porque debemos amarnos los unos a los otros, haré frente, mi Señor, a los poderes del abismo que se han unido contra mi hermano. (Aquí, repetir tres veces el nombre y el apellido de la persona y volver a hacer el signo de la cruz).

»Señor, te suplicamos que nos protejas de nuestros enemigos y nos sostengas con tu poderosa mano.

»Acude en nuestra ayuda, pues hemos sido creados para ti y por ti, y nuestros enemigos son los tuyos, ya que ninguna criatura de ningún círculo del universo tiene el derecho de sustituirte para imponernos una voluntad totalmente ajena a ti.

»No te pedimos que paguen el precio de su rebelión, pues tan sólo a ti te pertenece juzgarlos, pero te clamamos, Señor:

»¡Acude en nuestra ayuda! (Volvemos a hacer tres veces el signo de la cruz, tal y como ya indicamos anteriormente).

»Señor, en tu voluntad, dígnate a concedernos la prudencia y la fuerza, la concordia y la paz, y líbranos de nuestros enemigos por los siglos de los siglos. Amén».

Entonces, el contrahechicero, tras haber sopesado cuidadosamente los términos que va a utilizar, expresará en voz alta y de forma muy precisa el deseo que espera ver realizado.

Cuanto más clara y precisa sea su petición, mayor será la probabilidad de que consiga su objetivo.

Deberá evitar toda expresión de odio, ya que el verbo lleva en sí mismo su propia fuerza, y las palabras del Evangelio «el Verbo se hizo carne» poseen un sentido oculto, aparte del que le otorgan los comentaristas exotéricos del pensamiento judeo-griego.

La finalidad de esta primera parte del ritual es la de preparar a los espíritus inferiores a someterse. Por otra parte, también facilita la concentración de pensamientos y forma así, en el sentido más común del término, una especie de «conjuro».

He aquí el texto del conjuro propiamente dicho:

«Yo os conjuro, espíritus malignos, por los signos del triunfador a los cuales teméis y que os hacen temblar, a que obedezcáis sus poderosísimas exhortaciones.

»Yo os conjuro en el nombre de los veinticuatro patriarcas y en el nombre de los nueve coros de los espíritus celestes, es decir, en el nombre de los ángeles, de los arcángeles, de los tronos, de las dominaciones, de los principados, de los poderes, de las virtudes, de los querubines y de los serafines, en el nombre de los cuatro animales misteriosos que llevan el trono de Dios y que tienen ojos delante y detrás, y en el nombre de todo cuanto contribuye a nuestra salvación…

»Yo os conjuro, demonios, en el nombre del Dios viviente, en aquel de los siete candelabros misteriosos que están a la derecha de Dios y en su mano, simbolizando las siete iglesias de Asia: Éfeso, Esmirna, Pérgamo, Tiatira, Sardes, Filadelfia y Laodicea…

»Yo os conjuro también por el Cielo y la Tierra, por todo lo que se encuentra en ellos, por las virtudes del Cielo y de la Tierra, por los cuatro elementos primitivos, al igual que por todo lo que se pueda decir o pensar del soberano Creador, de su pensamiento y de su corte celestial, por aquel que de la nada ha creado todas las cosas desde el principio, por las falanges de los santos quienes, día y noche, y con una sola voz, no dejan de cantar:

»Santo, santo, santo es el Señor, Dios de los ejércitos. El Cielo y la Tierra están llenos de su gloria: ¡Hosanna en el cielo!

»Yo os conjuro, espíritus malignos, por el trueno, los relámpagos y el rayo de Dios, que caerán sobre vosotros si no obedecéis… Yo os conjuro por los siete candelabros de oro, que brillan ante el altar del Señor, por las tropas de los bienaventurados que siguen los pasos del Cordero inmaculado y, finalmente, en el nombre de todos los santos que Dios escogió antes de la creación del mundo y por sus méritos, siempre tan gratos al Salvador…

»Yo os conjuro por el temible poder del nombre del Señor, por lo absoluto y lo independiente, el Altísimo y poderosísimo, lo invisible y lo inefable, lo eterno y lo fuerte, lo vivo y lo único, el juez justo y el Padre lleno de misericordia por sus criaturas, el omnisciente y el omnipresente, la inmensidad y el infinito, el soberano maestro, el inmutable, Elohim, Yavé, Adonay, Sabaoth, cuya bondad y providencia se extienden por toda la creación espiritual y material. Que así sea en el bendito nombre del Señor.

»Que el Señor acuda en nuestra ayuda y nos socorra. Que se convierta en nuestro refugio y que su gloria sea celebrada. Que el Señor, sostén de todas las cosas, no nos abandone a nuestra debilidad…

»Que el Señor, Dios, se convierta en fortaleza inexpugnable contra los asaltos de nuestros enemigos, que reine para siempre, conservándonos la santidad del alma y del cuerpo, y vele por nuestros intereses. Amén».

Tras un breve silencio, para recuperar el aliento, el operador proseguirá la oración, cuidando su articulación y proyectando el verbo fuera de sus labios, al igual que proyecta su voluntad (debe evitar tanto murmurar como repetir el texto demasiado deprisa).

«Espíritus demoníacos, os conjuro por todas las virtudes secretas de las plantas, de las piedras y de las palabras, por todo lo que vive en el aire, encima y debajo de la tierra, por todas las criaturas de Dios, por los doce mares y los manantiales, por las grandes luminarias celestes que, noche y día, nos proporcionan su fecunda luz, es decir, por el Sol, la Luna, las estrellas y los demás astros, por todo lo que existe o vive en la Tierra, bajo la acción divina, creadora y conservadora, por los peces del mar, por todo lo que nace en el universo y también por todos los seres superiores que disfrutan de la beatífica visión.

»Yo os conjuro, espíritus infernales, en nombre del Maestro todopoderoso, creador de todas las cosas, en el nombre de Enoc y de Elías, que el Anticristo hará morir antes de perecer él mismo bajo la inspiración divina…

»Yo os conjuro por los tres signos precursores del signo del Juicio, por todos los poderes del Cielo y de la Tierra, por los santísimos nombres dados al Señor, por Dios, el eterno principio, el inicio y el fin de todo, que es y será siempre el único, el independiente, el infinito…

»Y os conjuro también por este santo sacrificio celebrado hoy en todo el universo, así como por todos estos santuarios anteriormente nombrados, por el género humano y por esta Trinidad de personas dentro de la unidad de la naturaleza divina, por esta providencia que tuvo el Señor justo antes de crear el mundo; por esta bondad que, en su tiempo, derribó los cimientos de la tierra, abrió los mares y los abismos, a través de la mezcla de los elementos primordiales que se desarrollaron después, por todas las criaturas que han salido de las manos de Dios, repartidas en el cielo, en la tierra, en el mar y en los abismos y, finalmente, por todo el poder del Creador y del Soberano, es decir, del Señor de los mundos...

»Espíritus rebeldes, yo os conjuro por todos los nombres inefables, reservados al Ser supremo: el Alfa, el Omega, el justo y el poderoso, el juez que ve, el omnisciente y el omnipresente, el inspirador y el apoyo, el bienhechor y el Padre, el incognoscible y el Altísimo, el único Dios verdadero, por encima de todos los demás, el redentor de todos aquellos que creen en él...

»Oh, Señor todopoderoso, has creado el Cielo y la Tierra, redondeado la bóveda celeste y medido la tierra con tu mano. Tu trono descansa sobre querubines y de tu mano creadora han surgido los espíritus superiores que caminan hacia la luz...

»Para ti, para tu gloria y tu servicio, los poetas de la creación, espíritus celestes con las alas desplegadas en el azul del cielo, recorren la inmensidad pronunciando con voz armoniosa las palabras eternas:

»"Santo, santo, santo es el Dios de los ejércitos. El Cielo y la Tierra están llenos de su gloria. ¡Hosanna en los cielos!"

»Señor todopoderoso, con la ayuda de dos ángeles serafines, pusiste el árbol de la vida en el Paraíso. Tú eres el único y verdadero Dios, el autor de todas las maravillas.

»Por tu hijo Jesucristo, tu nombre es adorado, este nombre inefable reproducido en el tetragrama IAVE, ENON, que simboliza lo infinito de tu naturaleza y la independencia absoluta de tu ser...

»Aleja de nosotros, Señor, los espíritus malignos y ayúdanos a encadenarlos y a contenerlos, porque somos tus hijos.

»Inmediatamente y sin ningún retraso, dejad de servir a los malvados que os habían llamado, pero no volváis nuestra cólera contra ellos, pues tan sólo el Señor puede juzgarlos y condenarlos».

Al pronunciar estas palabras, el contrahechicero dibuja con una tiza blanca un círculo a su alrededor. Se sitúa frente a los cuatro signos cardinales, se persigna cuatro veces de acuerdo con el ritual mágico y, después, vuelve a decir:

«Yo os conjuro por las dos tablas de la Ley de Moisés y por el Pentateuco, por los siete candelabros que arden ante Dios en la celeste Sión, por las siete lámparas ardientes que son los espíritus de Dios, por las siete urnas de oro perfumadas, por las plegarias de los santos y que están situadas ante Dios, por las siete personas salvadas en el arca de Noé, por los santísimos nombres, temibles y poderosos, de Dios, representados por los ángeles Miguel y Gabriel, cuyo cometido es el de impedir que los malos espíritus puedan hacer ningún daño, manteniéndolos encadenados, como castigo supremo, al final del mundo actual…

»También os conjuro, oh demonios, por estos inefables y temibles nombres de Dios que hacen temblar: el justo, el vengador de la iniquidad, el Santo por excelencia, el enemigo del pecado, el implacable adversario de la injusticia, el todopoderoso, el invencible, el supremo dominador y el Señor de todo…

»En consecuencia, os doy la orden de retiraros sin demora y de dejar a la justicia divina aquel que es más bajo que vosotros y que os ha encadenado por un crimen de magia condenable».

Entonces, el contrahechicero cogerá un pentáculo (véase más arriba) y terminará la ceremonia diciendo en voz alta y segura:

«Por la virtud de este pentáculo, obedeceréis las palabras del Creador y os someteréis a sus órdenes. Id en paz, puesto que os habéis sometido».

Al día siguiente y durante los próximos días, exactamente a la misma hora y hasta el final de la lunación, el contrahechicero volverá a la habitación para pronunciar estas palabras:

«Señor, he confiado en ti, y tu humilde servidor (pronunciar tres veces el nombre y apellido de la persona que está sufriendo el hechizo), a través de mi voz, pide tu protección, cuyos efectos benéficos se extienden ya por tus criaturas.

»Nos has protegido y nos has salvado. Tu reino es eterno y tu poder infinito. Estamos protegidos por tus virtudes, por los siglos de los siglos. Amén».

El contrahechicero se persignará frente a los cuatro puntos cardinales y abandonará en silencio la habitación en la que haya realizado el oficio.

El ritual que acabamos de explicarles no es el único que conocemos, pero es indiscutiblemente el más eficaz y también el más completo.

Antes de llegar a la conclusión de nuestra obra, nos gustaría recordarles por última vez que, aunque el hechizo conlleva graves riesgos y el deshechizo es un poco peligroso, el contrahechizo exige grandes precauciones y no debe intentarse a la ligera.

Si las técnicas prácticas conllevan unos métodos de protección, no debemos olvidar jamás que la utilización del ritual exige un alma pura y un espíritu libre. En cualquier otro caso, el ritual resultaría ineficaz y, por el contrario, podría entregar a un operador poco convencido a unas fuerzas cuyo poder ignora.

Capítulo VIII

EL HOMBRE ANTE EL CONCEPTO DE DIOS Y LA TEORÍA DE LA MAGIA

Creemos que no basta con exponer los principios de la técnica, los elementos de la práctica y los secretos del ritual de deshechizo para dar por finalizada nuestra labor.

Todavía debemos aportar una conclusión y proponer una interpretación de conjunto que pueda satisfacer, al mismo tiempo, tanto al ocultista como al profano.

Sin duda, este último se habrá encogido de hombros más de una vez leyendo nuestro libro. Habrá tachado el ritual de oscura superstición y habrá sonreído ante la técnica práctica, que, al igual que el ritual, a menudo le habrá parecido una especie de parodia blasfematoria de las ceremonias religiosas.

Aquí no pretendemos tomar partido alguno, sino intentar comprender. No negamos ni un solo hecho ni creencia, pues sólo podemos limitarnos a percibir su alcance y su sentido. En lo que se refiere a la magia, no podríamos negar que se trata de una creencia casi universal y que, ya sólo por ello, merece ser examinada, puesto que es un fenómeno inherente a la naturaleza humana.

En segundo lugar, tenemos todo el derecho de preguntarnos si realmente existen fenómenos mágicos o si no son más que fruto de la imaginación de los individuos de nuestra especie animal.

La primera cuestión ya ha sido tratada al principio de esta obra y, en lo que se refiere a la segunda, bastará con recordar que los hechos mágicos son algo cotidiano. El amor y el odio son fuerzas terribles, fuerzas mágicas que proporcionan felicidad tanto a los santos como a los grandes amantes, y desgracia, tanto a individuos como de las muchedumbres. Son fuerzas mágicas cuya intensidad siempre resulta desproporcionada a la de la causa creadora.

En sí misma, la palabra posee un brillo mágico, puesto que convence o exaspera de acuerdo con la virtud del símbolo que representa. Convence a distancia, gracias a la magia del orador que actúa sobre la muchedumbre, así como por la promesa del amante a su amada.

El Amor, el Odio, el Verbo: trinidad en la que el verbo es el espíritu. Este verbo que «hechiza», en el sentido más literal del término.

La magia está en todas partes y el hechizo propiamente dicho no es más que una técnica práctica de su aplicación.

Al apoyarse en un ritual, el hechizo no hace más que seguir el mismo camino que las religiones y, por este motivo, recurre, de acuerdo con los países, a la ayuda de la apariencia de la divinidad a la que se hace honor.

El ritual siempre posee un objetivo mágico propiamente dicho: el contacto con el dios o los dioses; y un objetivo práctico: la concentración del pensamiento.

Se reza mejor, mucho mejor, en una iglesia. El efecto psicológico de una película es más fuerte que el de una obra de teatro porque, aunque los actores no estén presentes en persona, la acción se desarrolla en la oscuridad.

El ritual mágico, más allá del secreto de los ocultistas, es el medio de fijar la atención del operador. El hombre es un animal religioso y un animal mágico. Así pues, no hay nada que discutir ni sobre la magia ni sobre la existencia de Dios. El problema metafísico es el de saber si Dios es externo al hombre o inherente a su naturaleza, si la magia actúa con independencia del hombre o bien en la medida en que forma parte de su carácter psíquico.

El problema que nos interesa en particular es el del hechizo. Nadie discute el hecho de que, con razón o sin ella, muchas personas crean estar hechizadas. En la práctica, aquellos que piensan que están hechizados se comportan como si realmente lo estuvieran.

Estos casos se deben al autohechizo, del que ya hemos hablado, y pueden ser tratados no sólo por métodos psíquicos y médicos, sino también por medios ritualistas.

Su influencia, sean cuales sean sus correspondencias más profundas, será eficaz en el aspecto práctico debido a las creencias que despiertan y que se transforman en sentimiento de protección.

Actualmente, las pruebas científicas de la acción a distancia se encuentran ya establecidas. Así pues, esto demuestra que, aun sin ningún soporte ritual, el hechizo puede ser posible. Aunque los casos de influencia a distancia sean muy escasos, lo cierto es que sí existen. Los métodos psicológicos para la resistencia hacia el pensamiento ajeno ya han sido expuestos en esta obra. Todavía nos queda llegar a una conclusión, tanto en lo que concierne al hechizo propiamente dicho como a su ritual mágico. Si la influencia a distancia resulta posible en personas particularmente dotadas, podemos admitir, sin interpolar de manera arriesgada, que personalidades con menos fuerza también pueden llegar a actuar utilizando una técnica que les ayude a concentrarse.

Ahora sólo queda una pregunta por hacernos: ¿poseen el ritual y la técnica un valor en sí mismos o simplemente se trata de procedimientos destinados a la concentración del espíritu? Por mucho que parezca lo contrario, ésta es la pregunta a la que resulta más fácil responder y, sin embargo, trasciende la cuestión de la magia y nos devuelve al gran problema que preocupa a todo lo que vive y piensa.

Nos conduce al problema de Dios y de los dioses. El Amor, el Odio y el Verbo, que expresa a los primeros en símbolos, poseen unas consecuencias psíquicas y prácticas. La palabra de un líder puede conducir a los hombres al más grave de los sacrificios, es decir, al de la vida, porque desprende o arrastra fuerzas.

¡Libera fuerzas y desprende fuerzas! ¿Cómo podríamos explicar, sin esto, el hecho de que millones de hombres obedezcan a decisiones arbitrarias como, por ejemplo, un decreto de movilización que, a menudo, los arrastra a ir a defender países y pueblos o ideologías de los que no tienen ni conciencia clara ni aprehensión pasional?

Hemos dicho que desprende fuerzas. Y ahora llegamos a la cúspide del problema.

Cuando un pensamiento político, religioso o social anima a millones de hombres, se proyecta con fuerza en el cosmos y vive con vida independiente. Esto no es ninguna afirmación imaginativa, sino un hecho.

Antes que Cristo, o simultáneamente a su existencia, nos encontramos con el pensamiento cristiano y, antes del socialismo, no encontramos con la comunión obrera y la religión de un futuro mejor. Esto es lo que han creado el cristianismo y el socialismo. Y, en otro aspecto mucho más cercano, es también lo que han conseguido los milagros de

Lourdes. Ya no se trata de saber si son obra de la Virgen, intercesora entre Dios y el hombre, pues estos milagros existen. Y no podría ser de otro modo, porque la fuerza de millones de hombres ha creado un potente y activo centro de polarización. Si la magia no hubiera sido un hecho, se habría convertido en hecho porque existen millones de personas que creen en ella y, si Dios no existiera, la fe de los hombres lo haría existir.

No es necesario que pensemos que Dios cuida de nosotros para creer en él. *A priori* es inaccesible, pero es cierto que, incluso Cristo, aunque no hubiera sido más que un hombre, se convirtió en un dios ante nuestros ojos porque los hombres siempre lo hemos considerado así, y continuará siéndolo mientras lo sigamos pensando.

Esta constatación es objetiva y no pretende resolver ni un problema de utilidad social, moral o metafísico. Es posible que algún día podamos llegar a crear nuevos dioses a medida de nuestro universo o incluso crear una sociedad cuya fuerza mágica se halle orientada hacia unos problemas puramente sociales. En la actualidad existen algunos dioses.

Y así, llegamos al último punto del problema mágico, es decir, al relativo a la llamada de entidades externas al hombre: entidades cuya existencia es aceptada por todas las religiones y de las que encontramos huellas en todos los textos considerados sagrados. Incluso la Biblia de los hebreos menciona a los semidioses, y estos textos se conservan en los Antiguos Testamentos publicados por las iglesias cristianas.

Ahora nos acercamos ya a la noción de «Egregor», tan querida por los ocultistas. Sin intentar indagar si realmente existen entidades intermediarias entre el hombre y los poderes superiores o si verdaderamente existen ángeles y demonios, debemos reconocer que el pensamiento humano segrega entidades que lo gobiernan, tanto en el plano político como en el de sus costumbres o hábitos.

Estas entidades actúan a diario en nuestras vidas. Aunque las llamemos «agregados», «residuos» o con cualquier otro nombre, no modificaremos en absoluto su fuerza.

Actúan así porque, como mínimo, representan acumuladores de fuerza psíquica, de intensa luminosidad, que gobiernan la evolución de las civilizaciones.

Así pues, no resulta en absoluto sorprendente que los magos se esfuercen por arrastrar hacia ellos la influencia de estas fuerzas errantes e intenten utilizarlas, del mismo modo que el orador las reclama para sí, a menudo de forma inconsciente, a través de sus dones, o el sacerdote, de forma afectiva, a través de su fe.

La experiencia demuestra que, a veces, el mago lo consigue. Gracias al profesor Carrel, la ciencia experimental ha demostrado que la plegaria es una fuerza eficaz, sin postular por ello la existencia de Dios. La magia es inherente al hombre. Existe porque él también existe.

En estos estrechos límites, que no prejuzgan ninguna de las creencias más extendidas, la magia ya justificaba nuestro estudio, así como otro mucho más específico: el de uno de sus más temibles medios de expresión, el hechizo.

Al acabar estas líneas, no nos queda más que repetir lo poco frecuentes que son los hechizos, lo peligrosa que puede llegar a resultar su práctica y, finalmente, prevenir a aquellos que creen estar hechizados de que, la mayoría de las veces, son víctimas de sí mismos y, en el sentido mágico del término, de los «demonios» que llevan en su interior y que han ido creando por medio de toda su fuerza psíquica.

ÍNDICE